Jesús Vicente Ruiz Omeñaca

LA LUNA DE LAS CEREZAS ROJAS

Un cuento motor para jugar, cooperar, convivir y crear en el primer ciclo de primaria.

EDITORIAL DEPORTIVA

Título: LA LUNA DE LAS CEREZAS ROJAS. Un cuento motor para jugar, cooperar, convivir y crear en el primer ciclo de Primaria.

Autor: JESÚS VICENTE RUIZ OMEÑACA

Ilustraciones: ELENE MURILLO MONJA

Editorial: WANCEULEN EDITORIAL DEPORTIVA, S.L.
               www.wanceulen.com

ISBN: 978-84-9993-110-4

Dep. Legal: SE 1374-2013
©Copyright: WANCEULEN EDITORIAL DEPORTIVA, S.L.
Primera Edición: Año 2013
Impreso en España: Publidisa

Reservados todos los derechos. Queda prohibido reproducir, almacenar en sistemas de recuperación de la información y transmitir parte alguna de esta publicación, cualquiera que sea el medio empleado (electrónico, mecánico, fotocopia, impresión, grabación, etc), sin el permiso de los titulares de los derechos de propiedad intelectual. Cualquier forma de reproducción, distribución, comunicación pública o transformación de esta obra solo puede ser realizada con la autorización de sus titulares, salvo excepción prevista por la ley. Diríjase a CEDRO (Centro Español de Derechos Reprográficos, www.cedro.org) si necesita fotocopiar o escanear algún fragmento de esta obra.

Dedicado:

A Esther, Luis, David e Iván por hacerme sentir que siempre puedo contar con ellos.

ÍNDICE

Presentación 9

La Luna de las cerezas rojas 11

CUADERNO DIDÁCTICO 47

    1. Principios de procemiento 49
    2. Objetivos 55
    3. Contenidos 59
    4. Contribución al desarrollo de las competencias básicas 61
    5. Propuestas para jugar, cooperar, convivir y crear desde el cuento motor 67
    6. Evaluar para mejorar 111

REFERENCIAS BIBLIOGRÁFICAS 119

Presentación

La Luna de las Cerezas Rojas, el cuento motor que se erige en el motivo central de este libro, pretende convertirse en un espacio pedagógico, articulado a través de nueve capítulos que nos remitirán a otras tantas sesiones de clase. A partir de la recreación de los ambientes propios de la historia, que reproduce los elementos más significativos del ciclo anual de actividad de los indios Lakota, los niños y niñas[1] podrán involucrarse tratando de resolver diferentes enigmas, poniendo en juego su capacidad cognitiva, elaborando estrategias grupales de actuación, coordinando sus acciones con las de sus compañeros y profundizando en el conocimiento de su propio cuerpo y en el desarrollo contextualizado de su motricidad.

Desde las propuestas inherentes al cuento tratamos de ofrecer situaciones problema y actividades ludomotrices que permitan a los alumnos ampliar, diversificar y enriquecer el conocimiento y control de su propio cuerpo, la capacidad perceptiva en relación con la espacialidad y la temporalidad, el equilibrio en situaciones estáticas y dinámicas, la coordinación tanto dinámica general como visomotriz y la habilidad para utilizar el cuerpo y el movimiento como recursos expresivos. En este sentido, este proyecto tiene una visión de síntesis en cuanto al tratamiento pedagógico de la corporeidad y la motricidad.

Con todo, manteniendo la línea de actuación que marca nuestro planteamiento pedagógico, este proyecto no se centra exclusivamente en el desarrollo motor. Nuestra intención trasciende más allá. Desde las actividades psico y sociomotrices, tratamos de proveer

---

[1] A lo largo del texto que recoge el libro y con la finalidad de facilitar el proceso de lectura, utilizaremos, en la medida de lo posible, genéricos para referirnos a personas de ambos sexos y, cuando no sea posible, utilizaremos el masculino de forma general. En cualquier caso es preciso que reflexiones sobre el modo de presentación del cuento y el propio proyecto ante los alumnos y alumnas, de tal forma que esté teñido de una orientación no sexista.

contextos de aprendizaje enriquecedores en todos los ámbitos del desarrollo personal.

En este sentido y partiendo de una propuesta de naturaleza cooperativa, concedemos una relevancia especial a la exploración de nuevas ideas, a la búsqueda de estrategias de actuación, al desarrollo del pensamiento divergente y la capacidad creativa, a la evolución en la esfera de la autonomía, el deseo de autosuperación, la autoconfianza y la autoestima y a la expresión e integración constructiva de las emociones y los sentimientos como bases del progreso en los ámbitos emocional, afectivo y volitivo, a la capacitación en el camino de búsqueda de alternativas emancipatorias en la práctica motriz como senderos en la educación que abre vías hacia la libertad y a la práctica colaborativa y la actuación cooperativa, como instrumentos en el desarrollo de habilidades sociales y como opciones en relación con la actuación prosocial... Y, en suma, a la educación en valores como factor determinante en una pedagogía inequívocamente humanizadora.

El desarrollo integral de todas y cada una de las personas que participan en nuestra clase constituye, en consecuencia, la base sobre la que se cimenta esta propuesta didáctica.

Por otro lado, deseamos resaltar que en la elaboración de este cuento hemos tratado de ser respetuosos con los elementos culturales propios de un pueblo que, con excesiva frecuencia, ha sido tratado con superficialidad. El respeto a la naturaleza, el reconocimiento de la sabiduría de la que son portadores los ancianos o la educación en conexión con el espacio vital –aspectos todos ellos propios de la cultura Lakota– son elementos que quedan resaltados en esta cuento, y que pueden resultar de especial valía para la educación de los niños y niñas con los que compartimos las clases.

Invitamos a tomar este cuento como un proyecto abierto, dúctil, dotado de la plasticidad necesaria para convertirse en un marco pedagógico susceptible de modificación y de adecuación al contexto. Instamos a que cada maestra, a que cada maestro, lo haga suyo y lo convierta, en cooperación con cada una de las personas con las que comparte la clase, en un espacio de aventura y en un hecho pedagógico singular.

LA LUNA DE LAS CEREZAS ROJAS

- ¡Hola! Me llamo Chumaní. Soy una niña india. Pertenezco a una tribu Lakota. Lakota significa en vuestro idioma "Amigos". Y mi nombre, quiere decir "Gota de Rocío",

Acabo de cumplir ocho años. Dicen que soy una niña alegre, valiente y muy generosa.

Y éste es mi hermano, el pequeño Takoda, que en vuestro lenguaje significa "Amigo de Todos".

Hace poco cumplió seis años. Nuestros padres dicen que, en su sonrisa y en su generosidad, se parece a mí. Pero él es más travieso. Y también mucho más dormilón.

Los Lakota vivimos en el bosque y en las praderas. Recogemos frutos y cazamos animales, pero solo los necesarios para comer.

Nuestras ropas están hechas con piel de ciervo y las decoramos con abalorios. Calzamos mocasines.

Vivimos en tipis; están hechos con un soporte de palos cubierto por pieles de bisonte.

No siempre permanecemos en el mismo lugar, sino que nos trasladamos varias veces a lo largo del año a otros sitios buscando los frutos del bosque, animales para cazar o un clima más cálido en invierno. En los traslados nos servimos de caballos que arrastran unos palos sobre los que colocamos nuestras cosas. Esos palos se llaman narrias. Y también se las colocamos a los perros para transportar cosas menos pesadas.

El año lo distribuimos en trece lunas. Cada luna dura 28 días que es el tiempo que transcurre desde que hay luna llena y la vemos toda enterita y luminosa hasta que vuelve a haber, de nuevo, luna llena.

Seguro que somos diferentes a vosotros. Y seguro que también nos parecemos mucho. Así ocurre siempre con los niños y niñas, en cualquier lugar del mundo.

Nosotros nos sentimos orgullosos de gozar de libertad para movernos por el bosque y por la pradera investigando cuanto encontramos a nuestro alrededor.

Os gustaría vivirlo, ¿verdad? Pues si lo deseáis, durante unos días compartiréis con nosotros la aventura de ser niños Lakota. Lo podréis hacer si seguís la historia que vuestro maestro/a os va a contar...

Por cierto, si queréis podéis elegir un nombre indio: ser águila veloz, oso dormilón, búfalo gris, alegre primavera... O quien vosotros deseéis.

1. CHUMANÍ NA TAKODA

-Gota de Rocío y Amigo de Todos-

Cuando la primera luz de la mañana penetró por la entrada del tipi, Chumani abrió los ojos y se deslizó, suavemente, hacia su hermano:

-Takoda -susurró a su oído, mientras tiraba de la piel de búfalo con la que se tapaba por las noches-. Takoda... Despierta, ya ha amanecido.

Los niños Lakota estaban acostumbrados a madrugar, pues el comienzo de la mañana era un buen momento para descubrir algo nuevo en el bosque, en el río o en la pradera. Es allí donde estaba su escuela. En cada flor, en cada árbol, en cada vuelo del águila, en cada nube del cielo había algo que aprender.

- ¡Takoda! -Volvió a repetir la niña-.

Por fin Takoda abrió sus ojos, miró a su hermana, se abrazó a su cuello y acercó su nariz a la de ella hasta rozarla suavemente. Después ambos sonrieron.

- Vamos, dormilón, hoy iremos al bosque -dijo Chumaní en la lengua de los Lakota-.

Apenas una hora más tarde los dos hermanos se desplazaban por la pradera que llegaba hasta los primeros árboles del bosque. Y lo hacían en absoluto silencio.

Para los indios Lakota el silencio era muy importante. Estaban acostumbrados a moverse con sigilo mientras mantenían muy abiertos los ojos y agudizaban sus oídos, tratando de descubrir cuanto había a su alrededor. De este modo podían aproximarse a la ardilla o al castor, o aprendían a distinguir el canto de cada pequeño pájaro.

(Propuestas 1 y 2)

Era el final de la luna "en que se marcha la nieve". Y en ese momento, cuando comenzaba a brotar la primavera, zicá ki, la ardilla, se movía aquí y allá buscando comida. A veces, se juntaban en grupos de más de cuarenta y permanecían quietas durante un buen rato, como si estuvieran celebrando una reunión para decidir algo muy importante. Igual era así ¿Quién sabe?... Al fin y al cabo ninguno de nosotros entendemos el idioma de las ardillas.

Cuando estuvieron en el bosque, Chumaní cogió la mano de su hermano. Y fueron avanzando muy despacio hacia el lugar donde, en otras ocasiones, habían encontrado un grupo de ardillas. Se desplazaron con tanto cuidado que llegaron hasta no más de veinte pasos de un grupo de los pequeños animales. (Propuesta 3).

Takoda sacó una flecha de su pequeño carcaj y con sigilo la fue colocando en su arco.

Chumaní le miró, dio un paso hacia él y le susurro al oído:

- Ampetu kin le hiya (Que en Lakota significa "hoy no").

- ¿Tákuwe he? (¿Por qué?) - Respondió extrañado Takoda-.

- Anpetu kin le hiya (Hoy no) –repitió Chumaní-.

Takoda guardó la flecha de nuevo en el carcaj, mientras ponía cara de no entender nada.

Desde muy pequeños los niños Lakota aprendían a cazar. Era su forma de obtener comida con la que alimentarse. El comienzo de la primavera era habitualmente un momento difícil porque solía quedar ya poco alimento después de pasar el invierno.

Pero este año no era así; había comida suficiente y no era necesario cazar. Chumaní quería disfrutar viendo juguetear a las pequeñas ardillas, esperando el paso de otros animales, escuchando el canto de los pájaros y respirando el aire fresco del bosque. Se sentó en el suelo. Takoda se colocó a su lado. No volvió a preguntar. Ahora entendía por qué su hermana no le había permitido cazar. Durante un buen rato, en silencio, vivieron la vida del bosque. (Propuesta 4).

2. TACHÍNKALA KIN

-El cervatillo-

Era ya más de mediodía. Los dos hermanos tenían hambre. Chumaní sacó de su bolsa un poco de carne seca de venado y un trozo de pan de maíz. Habitualmente solo comían dos veces: una al comienzo y otra al final del día. Pero cuando salían al bosque solían llevar algún alimento consigo.

Después siguieron avanzando. Corrían con tanto cuidado que sus pisadas eran silenciosas y sus flechas apenas se movían dentro del carcaj. (Propuesta 1).

Cerca del río, entre abedules y sauces, Chumaní vio un cervatillo. No debía tener más de un mes. Era inusual que un ciervo naciera en los primeros días de la primavera. Y resultaba todavía más infrecuente verlo fuera de la protección de la manada o, al menos, de la de su madre.

Chumaní paró a su hermano.

Tachinkala Wan (Un cervatillo) -susurró Gota de Rocío-.

La niña tomó un trozo fino de corteza de abedul y lo frotó entre dos palos. El sonido era casi igual al que emiten los pequeños ciervos, así que el cervatillo se fue aproximando atraído por la llamada.

Cuando estuvo muy cerca, el pequeño animal vio a los niños escondidos entre los árboles. Asustado, comenzó a correr hacia el río, que avanzaba, entre cascadas, cerca de allí.

Takoda siguió tras él, corriendo entre los árboles, saltando sobre troncos caídos y agachándose, a veces, para evitar chocar con las ramas. Chumaní le seguía detrás, más con ánimo de proteger a su hermano que de seguir al cervatillo.

(Propuesta 2).

Tanto se aproximó a la orilla el pequeño ciervo que acabó cayendo al agua. La corriente le arrastró con fuerza hasta desembocar en una pequeña isla ubicada en el centro del río. Apenas unos metros más allá, el agua descendía por una cascada. El cervatillo, temblando por el frío, se sacudió el gélido agua.

Chumaní alcanzó a Takoda ya junto al río. Le miró con cara de enfado. No dijo nada. El niño sabía que su hermana no aprobaba lo que había hecho. Entre ambos buscaron un tronco caído de abedul y con su corteza improvisaron una canoa. Lo habían visto hacer a los mayores, pero nunca antes habían construido una. Con ella se introdujeron en el río y remaron con fuerza. La corriente era muy fuerte y avanzaba en dirección al islote así que no fue difícil llegar hasta él.

Chumaní tomó en brazos al asustado cervatillo y lo pegó a su cuerpo, mientras el pequeño animal seguía temblando. Después se lo mostró a su hermano y éste lo acarició con suavidad.

- Chanté shicé (lo siento) –Susurró Takoda con voz muy suave-.

Lo colocaron sobre la canoa y volvieron a remar. El peso era ahora mayor y la frágil embarcación comenzó a hundirse mientras se veían arrastrados hacia la cascada. Chumaní y Takoda estaban muy, pero que muy asustados.

Apenas a un metro de donde comenzaba a caer el agua, Takoda se aferró con una mano a una roca y tomó con la otra al cervatillo.

Chumaní se alzó también sobre la roca y ayudó a subir a su hermano y a Tachinkala. Avanzar ahora hacia la orilla saltando entre las rocas resultaba muy peligroso. Con sumo cuidado fueron pasando de una roca hasta la siguiente y de ésta a otra más allá, manteniendo siempre al pequeño ciervo en sus brazos.

(Propuesta 3).

Por fin se vieron en la orilla. Dejaron en el suelo al cervatillo. Se abrazaron. Ahora eran los dos hermanos los que temblaban. Estaban helados, pero muy alegres por haber logrado salir del río.

Chumaní se sentó junto al pequeño animal. Allí permaneció un rato.

Entre los frondosos árboles apareció una cierva. Era la madre de Tachínkala, el pequeño ciervo. Éste corrió hacia ella y frotó su piel con la de su madre, mientras ella le acariciaba suavemente con su hocico. Miraron a los niños como si estuvieran dándoles las gracias. Después se alejaron.

Chumaní y Takoda habían dado una lección arriesgándose por ayudar al cervatillo.

Y habían aprendido también otra. A partir de ahora serían más prudentes.

Cogidos de la mano comenzaron el camino de regreso hasta el poblado.

Cuando llegó la noche Chumaní y Takoda se tumbaron dentro del tipi. Ambos se taparon con las pieles de búfalo que había curtido para ellos uncí, la abuela. Miraron a su atrapasueños.

Los atrapasueños estaban construidos con varios palos unidos por hilos en forma de tela de araña y se colgaban junto a la puerta del tipi. Según una historia india, protegían a los niños durante la noche. Por ellos se escapaban los malos sueños, mientras que los buenos permanecían en la tela de araña para seguir acompañando a cada pequeño indio.

Esa noche soñaron con bosques, ardillas y cervatillos y, por supuesto, todos sus sueños fueron tranquilos y alegres (Propuesta 4).

3. OBLAYÉ KIN

-La Pradera-

Los días fueron pasando y trajeron consigo un tiempo más agradable. Una mañana, como solía ser habitual, todos los niños del poblado bajaron muy temprano a jugar a la pradera próxima al lago. Al descubrir todo lo que la pradera podía enseñar, los mayores hacían de maestros de los más pequeños. Chanteitinzá, Corazón Valeroso, que por entonces debía tener nueve años, paró al grupo que le seguía en silencio y señaló un pequeño abedul que crecía solitario muy cerca del lago. Su corteza tenía marcas de arañazos.

Wa yan ka... Matho Wa. (Mirad... Un oso) – susurró el chico, mientras señalaba unas marcas en el tronco del árbol-.

Efectivamente eran las marcas de un oso. Eso significaba que ya había abandonado su letargo invernal y que había pasado por allí en su camino hacia el río.

Chanteitinzá tranquilizó al resto de los niños al señalar la hierba pisada por el oso. Todos sabían que si sobre ella volvía a haber rocío es que hacía más de una hora que mathó, el oso, había pasado por allí, así que seguramente estaría ya lejos.

Los niños comenzaron a imitar su movimiento y después imitaron a shúnka, el perro, a wanblí, el águila, a kimímila, la mariposa, a gnugnúshka, el saltamontes... Fueron osos enfadados y osos amorosos, perros veloces y perros tumbados tranquilamente sobre la hierba,

águilas majestuosas, mariposas con suave aleteo e inquietos saltamontes.
(Propuesta 1).

Después siguieron avanzando hacia el lago. Entre las ramas de los abedules más próximos al agua, desnudas todavía al comienzo de la primavera, fueron buscando huecos por los que pasar. A veces reptaban y otras progresaban por el claro tratando de no romper ninguna de las ramas que, apenas un mes más tarde, comenzarían a cubrirse de un hermoso manto de hojas. Además no querían hacer ruido para que los animales del lago no acabaran huyendo antes de que ellos llegaran. Mientras, se pasaban, también entre las ramas, las lanzas que el padre de Chanteitinzá había preparado, pacientemente, para cada uno de los niños de la tribu. (Propuesta 2).

Magha, los patos que reposaban junto a la orilla, comenzaron a volar inundando el lago de un momentáneo estrépito. Los niños, en un claro ya muy próximo al agua, comenzaron, de nuevo, a jugar, buscando formas de lanzar sus pequeñas lanzas de modo que éstas quedaran agrupadas dentro de un círculo que habían trazado en el suelo.

(Propuesta 3).

Terminado su juego hicieron un corro. Se tumbaron. Y, manteniéndose unidos a sus compañeros por las manos, cerraron los ojos. Sentían la cálida caricia de los rayos del sol sobre sus caras. Y el calor de la mano de un amigo, de una amiga, a su lado. La mañana transcurría pausadamente e inundaba de calma cada rincón de la pradera.
(Propuesta 4)

4. CANHANPI KIN

-El azúcar-

El amanecer siguiente vino acompañado de un anuncio: Mientras, los padres y madres se iban a desplazar para comenzar la caza de primavera, como cada año por estas fechas, los ancianos y los niños dedicarían los días siguientes a la elaboración anual del azúcar.

Para los niños Lakota era un gran acontecimiento y todos se esforzaban por colaborar.

Para comenzar, cortaron un arce y vaciaron su interior. En él depositarían, después, la savia de los árboles. También fabricaron pequeñas vasijas de tilo y abedul para trasladar, en ellas, la savia desde los árboles hasta la gran artesa de arce.

Hecho esto, todos avanzaron hasta la casa del azúcar, construida con cortezas de árbol en medio del bosque.

Y comenzaron a recoger leña para hacer con ella el fuego. Esta actividad se convirtió pronto en un juego, llevando un tronco, o incluso varios sobre dos palos portados por cada pareja de niños.

(Propuesta 1).

Después se desplazaron por el bosque. Con un hacha daban un corte a cada árbol. Por él comenzaba a fluir la dulce savia. Ésta fue recogida en las vasijas y desde ellas se trasladó a la gran artesa de arce.

(Propuesta 2).

Una vez hecho esto la vertieron en marmitas de hierro que pusieron al fuego hasta que la savia hirvió formando un rico almíbar. En ese momento era necesario cuidar cada marmita, pues huya (el ratón) y mashtíncala (el conejo) estaban siempre pendientes con intención de robar el rico azúcar. Entre todos los niños se hicieron cargo de proteger las marmitas. Pero eran tantos los conejos y ratones que a veces resultaba difícil ahuyentarlos a todos (Propuesta 3).

Terminado el proceso, vertieron el almíbar y le dieron forma. Había suficiente para elaborar también pequeños caramelos que los niños compartieron entre sí. A Chumaní le encantaba el azúcar de boj. Takoda prefería el de arce y era capaz de comer tantos caramelos como le dieran. Menos mal que los abuelos estaban pendientes.

Cada noche, mientras duró la elaboración del azúcar, Chumaní y Takoda compartieron el tipi con Omáshte (Luz del Sol) y Wanahaka Sa (Flor Roja), que eran sus mejores amigos. Sus sueños, en esta época, eran siempre tan dulces como un caramelo de boj. (Propuesta 4)

5. THUNKASHILA KIN

-El abuelo-

La llegada de los padres y madres, una vez terminada la caza de primavera, llenó de alegría a los niños y niñas del poblado.

Las visitas al bosque, a la pequeña pradera, al lago y al río fueron menos frecuentes en los días siguientes.

La tribu vivía un ambiente de fiesta. Unas familias invitaban a otras durante la cena. Y el día acababa con tertulias en las que los abuelos contaban grandes historias que ellos, a su vez, habían escuchado a sus abuelos.

Thunkasila, el abuelo, veía las palabras como piedras hermosas y con ellas construía bellos edificios de cuentos y leyendas.

Y los niños escuchaban con interés. Entre los indios Lakota estaba mal considerado interrumpir a alguien cuando estaba hablando. Así que pronto aprendían a escuchar y a ser pacientes.

Thunkasila comenzó a contar la historia:

"Hace muchos, muchísimos años, las estaciones, wétu (la primavera), bloketu (el verano), ptanyetu (el otoño) y waniyetu (el invierno) convivían pacíficamente. Desde los mismos inicios de la tierra, las cuatro se habían repartido el año. Cada una dirigía una época y, mientras, las otras descansaban. Pero hubo un momento en que cada una de ellas quiso dominar a las demás.

Así que decidieron citarse en la gran pradera para dirimir su disputa. La primavera acudió acompañada de los Lakota Mní (los Indios del Agua), el verano trajo consigo a los Lakota Pheta (los Indios del Fuego), el otoño llegó junto a los Lakota Thaté (los Indios del Viento) y, finalmente, el invierno acudió junto a los Lakota Wa (los Indios de la Nieve). Las cuatro estaciones acordaron que sus representantes entre los indios se enfrentarían entre sí. Aquellos que ganaran darían el dominio a su estación.

Los indios de cada grupo tenían amigos entre los otros y tampoco entendían que fuera justa una contienda por mandar sobre las demás y por dirigir los destinos de la tierra de los Lakota.

Phéjuta Winyela, la mujer medicina, que había dedicado su vida a curar a cada uno de los indios allí presentes, alzó su voz para decir:

-Mucho antes de que viviera el más antiguo de nuestros antepasados, las estaciones ya os ayudabais entre vosotras a lo largo del año. Y solo de este modo, con la ayuda de las cuatro, pudo nacer la vida entre los Lakota. ¿Habéis pensado qué será de cada una de las otras si una de vosotras manda sobre las demás? ¿Acaso os hará más felices vivir solas, dominando en todo momento cuanto ocurre a vuestro alrededor?

¿Y qué ocurrirá en la tierra de los Lakota? ¿Cómo vivirán el águila, el oso, la ardilla, o el búfalo? ¿Cómo vivirán el lago, la pradera, o el río? ¿Podrán seguir existiendo sin el agua, sin el fuego, sin el viento o sin la nieve?

Vosotras os necesitáis una a otra. Y los Lakota os necesitamos a todas. No permitáis, por favor, que esto se resuelva con una contienda entre personas y con una sola de vosotras como triunfadora. Ni tampoco acabéis con una paz que ha existido desde siempre y de la que ha dependido la vida en la tierra Lakota.

Entonces, cada estación pensó en sí misma y en las otras y trató de buscar una solución en la que nadie perdiera. Todas se dieron cuenta de que se necesitaban y de que tanto ellas como cada una de las otras eran muy importantes y se habían sentido muy mal durante la disputa.

Y fue así como, en la tierra de los Lakota, siguió habiendo estaciones. Desde entonces, los Lakota del Agua, del Fuego, del Viento y de la Nieve están más seguros de querer seguir ayudándose los unos a los otros y de proporcionarse lo necesario para que todos puedan vivir felices...

Y, una vez al año, se juntan para recordar este compromiso y celebrar "la fiesta de las estaciones." (Propuestas 1, 2, 3 y 4).

6. CANPA SA WI

-La luna de las cerezas rojas-

El agua de lluvia, abundante en la primavera, unida al sol del comienzo del verano hizo que el bosque se poblara de aromas dulces y de alegres tonos verdes salpicados, a veces, por el carmesí de los primeros frutos del año.

La luna que daba inicio al verano invitaba a buscar el delicioso fruto de los cerezos.

Los niños del grupo se adentraban en el bosque buscando los claros próximos al río o al lago, en los que los cerezos encontraban un lugar ideal, repleto de luz y agua.

Esa mañana no era diferente.

Chumaní (Gota de Rocío), Takoda (Amigo de Todos), Omáshte (Luz del Sol) y Wanahaka Sa (Flor Roja) se alejaron del poblado, buscando los cerezos del sur, los más próximos al río. Su andar alegre se convirtió pronto en un juego con los cuatro niños corriendo, cogidos de las manos, mientras trataban de avanzar cada vez más rápido, sin pisar ninguna de las innumerables ramas que cubrían el suelo. (Propuesta 1).

Una vez llegados hasta los cerezos, comenzaron por comer varios de los deliciosos frutos. Pero no muchos, porque sabían que había que guardar para el resto de los miembros de la tribu. Además, comer demasiadas cerezas siempre producía dolor de barriga.

Chumaní y Wanahaka Sa subieron a los árboles. Desde arriba lanzaban las cerezas a Takoda y Omáshte para que éstos las introdujeran en su bolsa... Pero Takoda guardaba una de cada dos, o de cada tres, mientras comía las otras. Hasta que Chumaní lo descubrió y le dijo, con su tono siempre paciente:

¡Iyokiphi, héchun sin ye! (¡Por favor, no hagas eso!).

Ohan. (Está bien)- Respondió Takoda.

Después guardó silencio y respetó lo que su hermana mayor decía, porque sabía que era una decisión justa.

Pasado un rato, Gota de Rocío y Flor Roja dejaron que fueran sus hermanos pequeños quienes subieran a las ramas más bajas de los cerezos, mientras ellas recogían los frutos desde abajo.

Cuando tuvieron sus bolsas llenas, tomaron del suelo cuatro de las manzanas que la tormenta del día anterior había arrojado desde los manzanos próximos. Jugaron a pasarlas entre los cuatro niños sin dejar que ninguna de ellas cayera… Y fueron capaces de hacerlo varias veces seguidas. (Propuesta 2).

El camino de retorno fue alegre, pero también cansado, cargados, iban con bolsas llenas del fruto carmesí.

Cuando todavía estaban cerca del poblado Chumaní paró a los demás.

Matho wa (un oso) –Susurró la niña, sin ocultar su temor-.

El animal se mantenía atento, junto al río, esperando un salmón que poder pescar.

El oso despertaba siempre temor y admiración entre los niños Lakota.

Anhe (no tengo miedo) – Dijo Takoda– con un tono de voz que reflejaba, en realidad, su recelo.

Era lógico tener miedo en esa situación. Pero también era necesario actuar con calma.

Después de contemplar al oso durante unos segundos, todos siguieron caminando, agachados y en completo silencio, para no despertar la atención del animal.

Después intentaron, de nuevo, avanzar corriendo entre las ramas, sin dejar caer, eso sí, las cerezas que, pacientemente, habían recogido durante toda la mañana. Pero esta vez no resistieron mucho porque las cerezas pesaban y esto hacía que correr se convirtiera en una tarea difícil. (Propuesta 3).

Casi al atardecer llegaron al poblado.

¡Pilamaya ye! (¡Gracias!)– dijeron tanto Ina, la madre, como Até, el padre, cuando vieron llegar a los niños cargados de cerezas.

En realidad ambos estaban un poco preocupados por la tardanza de sus hijos y, para ellos, lo realmente importante era que, por fin, los niños habían regresado.

Esa noche, en ninguna familia faltó el delicioso fruto. Los indios Lakota estaban acostumbrados a compartir.

Gota de Rocío, Amigo de Todos, Flor Roja y Luz del Sol se encargaron de repartir, entre todas los miembros del poblado, las cerezas que se habían esforzado por recoger durante toda la mañana. Se sentían muy bien.

Sus padres permitieron, como premio, que los cuatro niños durmieran en el mismo tipi y que compartieran el sueño de bosques llenos de cerezos. (Propuesta 4).

7. WIYOH   PEYATA   OBLAYE CIN

-La pradera del Oeste-

El verano era, por muchas razones, un momento especial. En él, los Lakota se desplazaban hacia las grandes praderas del oeste.

Desmontar los tipis y recoger lo necesario para el viaje era tarea de todos. Los niños colaboraban ayudándose entre sí porque así entendían que debía ser cuando se compartía la vida. Además había cosas que uno solo no podía hacer y que requerían de la cooperación de varios de ellos.

Después todo se colocaba, con sumo cuidado, sobre las narrias. Las más pesadas eran arrastradas por caballos. Las pequeñas eran tiradas por perros.

El traslado duraba varios días. Eran días difíciles. Se andaba desde que salía el sol hasta que se ponía. Había que cruzar ríos, avanzar entre las ramas y entre la hierba alta... Pero siempre quedaba tiempo para la alegría y el juego.

Takoda, a veces, se sentaba sobre una de las narrias tirada por un caballo e incluso se colocaba de pie tratando de mantener el equilibrio mientras el caballo seguía avanzando. Sus padres se lo permitían durante pequeños ratos; luego le avisaban de que debía seguir andando porque esa era la forma de aprender a esforzarse para conseguir cosas más difíciles y seguir adquiriendo la resistencia de un adulto.

Él lo entendía porque soñaba con ser un indio mayor y ese era parte del camino.

Uno de los días del viaje subió sobre unas narrias justo cuando el caballo, sediento bajo el sol, avistó un riachuelo. El caballo comenzó a galopar hacia el agua. Takoda a duras penas logro aferrarse a las narrias y acabó, junto con el caballo, dentro del río, con su cuerpo calado, ante las risas de niños y adultos. El niño, entonces, asomó la cabeza entre las aguas y rió también, mientras disfrutaba de su fresca caricia. El resto de los niños corrió a bañarse junto a él.

El cuarto de los días vivieron algo que ocurría, con frecuencia, en verano: wakinyan agli (la tormenta de truenos). Cuando vieron que la tormenta se acercaba, todos pararon tratando de colocar a los niños a resguardo. Después soltaron las narrias de perros y caballos. Estos últimos, asustados por el sonido de los truenos, huyeron galopando. Volver a recogerlos, una vez cesada la tormenta, fue una tarea difícil que duró casi un día. Para los niños, fue una buena oportunidad para aprender, de sus mayores, a seguir un animal por el rastro y por las huellas que dejaba a su paso. Nadie sabía seguir un rastro como los indios.

Fue Chumaní quien, al lado de Takoda y Thunkasila (el abuelo) descubrió, entre los arbustos, al caballo que unos días antes le habían regalado a Chanteitinzá (Corazón Valeroso), porque se acercaba el momento de ser un indio adulto.

Chumaní se aproximó al animal con mucho cuidado, lo acarició suavemente y lo condujo hasta donde estaba el grupo.

La cara de Corazón Valeroso se iluminó cuando vio a Chumaní seguida de su caballo. Se acercó a la niña y le miró a los ojos.

¡Pilámaya ye! (Gracias) –dijo, mientras le seguía mirando con una expresión en su rostro que demostraba su admiración y su cariño-. Después acarició con suavidad a su caballo.

El resto del viaje resultó tranquilo.

Cada noche, mientras duró el traslado, Gota de Rocío y Amigo de Todos se tumbaban mirando el cielo y admiraban, antes de quedarse dormidos, la luz de wi wicháhpi, la que les regalaba cada estrella. (Propuestas 1, 2, 3 y 4)

8. THATÁNKA KIN

-Búfalos-

Era la primera mañana en la que los niños se podían mover, una vez instalado el campamento de verano sobre la pradera, muy cerca del río. Los niños querían ver la manada de búfalos. Ellos sentían un gran respeto por todo wamakhashkan, que en el idioma de los Lakota se refiere a todo ser vivo de la tierra. Y era una gran aventura acercarse a esos animales que siempre guardaban un halo de misterio. Así que, en silencio, Chanteitinzá (Corazón Valeroso) condujo a los demás entre la hierba alta, ya seca por el calor del sol, hasta una pequeña colina. Takoda sentía el acelerado latido de su corazón mientras reptaba por la ladera.

Tal vez esta mañana pueda avistar búfalos –se repetía el niño una y otra vez.

Corazón Valeroso hizo una señal con su mano para que todos pararan. Él avanzó unos metros. Y sin apenas girarse dio la señal a los demás para que volvieran a desplazarse reptando con el cuerpo bien pegado al suelo. (Propuesta 1).

Ahí estaban. Al otro lado de la ladera cientos de búfalos pastaban tranquilamente. Entre ellos jugueteaban, corriendo y saltando, ptejincala kin, las pequeñas crías nacidas en la primavera. El suyo parecía un juego de imitación pues al salto de una seguía el de todas las demás.

A veces se separaban y volvían después a juntarse llegando casi a la vez hasta el lugar de partida. Y otras se mostraban mimosas y se acercaban a los búfalos adultos rozando suavemente su lomo con ellos. (Propuestas 2 y 3).

Hubo entonces un sonido intenso que provenía del este.

Los búfalos condujeron a los animales más pequeños hasta el centro de la manada. Cuando sentían peligro, siempre lo hacían así para protegerlos. Y comenzaron a correr en dirección oeste, hacia el lugar desde donde los niños seguían atentamente sus movimientos.

Chanteitinzá se puso en pie. No había casi tiempo. Debían actuar con rapidez o si no serían pisados por una manada de búfalos asustados. Guió al resto de los niños hacia una roca situada unos metros más allá, en dirección noroeste. Justo cuando llegaron a su refugio, los búfalos comenzaban ya a pasar por lo alto de la colina. El corazón de Takoda latía, ahora, aún con más fuerza. Vistos de cerca y en movimiento, los búfalos parecían todavía más misteriosos y mucho más poderosos. No sabría decir cuánto tiempo estuvieron pasando a gran velocidad, pero cada detalle se grabó en su memoria con suma nitidez. (Propuesta 4).

Pasado el peligro, los niños regresaron al poblado. Allí contaron lo sucedido. Sus padres les insistieron en que siempre era necesario ser prudentes.

Tumbados sobre la hierba, junto a su tipi, Chumaní y Takoda pasaron un buen rato pensando en los pequeños búfalos y en sus juegos. (Propuesta 5).

9. KAN WAPE GI WI

-La Luna del cambio de color-

El final del verano invitaba a seguir disfrutando de la vida al aire libre y del buen tiempo. Pero también hacía pensar que era necesario prepararse para los duros meses de invierno. Atrás quedaba ya la caza del búfalo en la pradera, la recolección del arroz silvestre y la de los frutos de verano. Y por delante había aún tiempo para la búsqueda del venado y del pato y para la cosecha del maíz. La vida seguía, con calma, en el poblado Lakota, una vez retornados a las proximidades del bosque.

Al caer la tarde casi todos los niños se habían juntado en el centro del poblado, en el espacio abierto y cubierto de hierba -ya agostada por el sol del estío- en el que los mayores celebraban las ceremonias. Era ese un lugar que poseía para cada niño Lakota un magnetismo especial.

En sus juegos, los niños trataban, aquella tarde, de saltar lo más lejos posible cogidos de la manos primero de dos en dos y luego en grupos de cuatro e incluso de más; buscaban formas de equilibrarse sobre una pierna mientras se mantenían unidos a los demás; rodaban por el suelo, mientras los demás les saltaban; o lanzaban piedras sobre el cuenco que portaba Chanteitinzá, mientras éste lo movía cuando era necesario, para que las piedras cayeran dentro (Propuestas 1, 2, 3 y 4).

Desde la puerta del tipi, até (el padre) miró ilusionado a Chumaní y a Takoda. De pronto se dio cuenta de lo mucho que habían crecido.

Thankal shakata pi la (afuera, los niños juegan). –Dijo en voz muy baja a ina (la madre).

Ambos observaron a Chumaní, a Takoda y al resto de los niños sumergidos en sus juegos, durante un buen rato.

Desde allí se podía ver el bosque, que se había convertido, en pocos días, en un reino mágico de tonos rojizos, ocres, dorados y naranjas.

Una ráfaga de aire fresco inundaba el campamento.

CUADERNO DIDÁCTICO

1. PRINCIPIOS DE PROCEDIMIENTO

La visión de la educación desde un modelo de racionalidad práctica[2] lleva a considerar el currículo como proyecto y como proceso y a tomar como referencia principios de procedimiento que sirven para conjugar la definición de los fines educativos, los modos de actuación y los criterios de decisión (López Pastor 1999, López Pastor, Monjas y Pérez Brunicardi, 2003). Desde esta óptica, los principios de procedimiento conectan los contenidos, los sistemas axiológicos de los que la escuela y los maestros son partícipes y las condiciones del ambiente de aprendizaje en el que se desarrolla cada propuesta curricular (Devís, 2003).

Los principios de procedimiento, partiendo de esta perspectiva, encierran en sí mismos una propuesta educativa y sirven como vector que orienta la acción didáctica hacia una práctica democrática y un proceso humanizador.

Es esa la perspectiva que asumimos en esta propuesta pedagógica.

El referente en este cuento, desde el prisma a través del cual lo presentamos, está constituido por los siguientes principios:

- Integrar las propuestas motrices en el contexto de un cuento que globalice y dote de sentido al movimiento corporal, que propicie aprendizajes ligados a la toma de decisiones y que provea contextos para la reflexión ética.
- Utilizar estrategias metodológicas que profundicen en el camino hacia la emancipación.
- Tomar en consideración las diferentes alternativas metodológicas tanto por sus posibilidades en el intento de propiciar el desarrollo de cada alumno, como por su potencial ético.

---

[2] Víctor López Pastor (1993) nos acerca a las alternativas de racionalidad que pueden sustentar la acción educativa propia de nuestra área, desde una óptica que se polariza en los modelos de racionalidad técnica y práctica (integrando esta última a las alternativas, práctica y crítica).

- Conceder importancia a las habilidades sociales, prestando atención a las estrategias metodológicas que facilitan su desarrollo.
- Proveer ambientes educativos para la exploración creativa y para la ampliación y diversificación de las propias capacidades de cada alumno.
- Prestar atención al desarrollo evolutivo de los alumnos y a sus conocimientos previos, a la hora de seleccionar las propuestas de actividad.
- Ofrecer contextos de aprendizaje y actividades que permitan que los alumnos construyan sus nuevos aprendizajes relacionándolos de forma significativa con lo que ya conocen o lo que ya saben hacer.
- Conceder una atención relevante a los aspectos motivacionales.
- Partir de situaciones motrices abiertas, con aspectos susceptibles de ser variados por cada persona, de modo que los alumnos encuentren en ellas cauces para seguir progresando.
- Interrogar a los alumnos sobre las variaciones en las condiciones espaciales, temporales, humanas y materiales que pueden enriquecer cada propuesta motriz e instarles a ponerlas en juego.
- Ofrecer a los alumnos un crisol amplio de actividades susceptibles de ser utilizadas como recurso de desarrollo personal y grupal en contextos extraescolares.
- Buscar cauces educativos a partir de situaciones motrices con diferente lógica interna.
- Impulsar la reflexión en torno a las consecuencias que depara la estructura de meta cooperativa sobre la autoestima, los sentimientos de pertenencia al grupo, las actitudes prosociales y las relaciones positivas dentro de clase.
- Interrogar a los alumnos sobre cuestiones de naturaleza motriz, estratégica, socioafectiva y ética vinculadas a la propia actividad física.

- Promover, entre los alumnos, la investigación en torno a cada situación de juego, de modo que puedan poner en práctica diferentes modos de actuación, utilicen estrategias de indagación y establezcan conclusiones que les permitan comprender el juego y elaborar principios genéricos de acción.

- Reflexionar con los alumnos y promover el desarrollo de una cultura de responsabilidad tanto en relación con el grupo de clase como con respecto al entorno humano y natural.

- Promover el diálogo en torno a los derechos de los que son sujetos las personas, fundamentar en ellos las normas consensuadas dentro del grupo y propiciar la actuación responsable en relación con el respeto a dichas normas.

- Propiciar la conciencia crítica y la capacidad para discernir y optar de forma responsable tanto mediante la implicación de los alumnos en el relato y en las propuestas y situaciones que éste genera, como desde el desarrollo de experiencias reflexivas en torno a él.

- Establecer comunicaciones singulares con cada uno de los alumnos.

- Prestar atención a las necesidades de naturaleza socioafectiva propias de cada niño y ofrecer alternativas ante ellas.

- Promover, desde el propio cuento y desde la subsiguiente actividad ludomotriz, la idea de grupo como comunidad de apoyo para cada persona desde la aceptación, la inclusión y la disposición para las relaciones colaborativas.

- Facilitar desde el propio ambiente de clase la práctica constructiva y satisfactoria para cada alumno.

- Promover el dialogo en torno al contenido emocional y afectivo de la actividad física ofreciendo cauces para la expresión positiva de emociones y sentimientos.

- Impulsar la reflexión en torno a las consecuencias que depara cada juego, especialmente desde su lógica interna, sobre las relaciones de grupo.

- Impregnar el propio cuento del auténtico sentido que acerque también al niño a la diversión, la alegría, la magia y el carácter autotélico propios de lo lúdico.
- Promover en clase el uso de estrategias de aprendizaje cooperativo.
- Mostrar una actitud empática con los sentimientos y emociones de los alumnos.
- Promover la reflexión sobre la carga emocional implícita en las actividades ludomotrices.
- Presentar, desde el propio modo de actuación docente, alternativas constructivas para la interacción social dentro del grupo.
- Impregnar la actividad de clase de los valores que permiten el desarrollo de una sociedad libre, crítica, constructiva y solidaria.
- Promover el diálogo y el sentido crítico en torno a las cuestiones de naturaleza moral vinculadas a la práctica de la actividad física.
- Orientar a los alumnos en el desarrollo de estrategias que les permitan abordar los conflictos de forma dialógica y constructiva.
- Mostrar una actitud respetuosa ante los alumnos, con independencia de que se produzcan diversidad de puntos de vista y discrepancias.
- Rechazar, de forma razonada y acorde con el desarrollo moral de los alumnos, las situaciones de discriminación, los estereotipos sexistas y las relaciones de dominancia-sumisión dentro del grupo y ofrecer alternativas ligadas a la igualdad, la equidad y la no discriminación.
- Adoptar una actitud crítica ante las situaciones motrices que originan la exclusión o la eliminación y promover, entre los alumnos, el diálogo crítico en relación con estos hechos.

- Ofrecer alternativas ludomotrices y estrategias metodológicas que profundicen en los valores relacionados con una educación física con sentido humanizador.

- Abordar la evaluación desde una perspectiva no coercitiva, formativa, criterial, centrada en el proceso y colaborativa.

- Ofrecer alternativas de evaluación que conciban ésta como una actuación cooperativa en la búsqueda de procesos más enriquecedores y de progresos personales en cada alumno.

2. OBJETIVOS

Dado el carácter complejo y dinámico de todo proceso educativo, habitualmente los resultados son demasiado numerosos y poco previsibles para sintetizarse en un conjunto limitado y específico de objetivos (Contreras, 1998). Este hecho, común en un amplio espectro de situaciones educativas, adquiere especial relevancia en el contexto de un cuento que constituye una propuesta abierta, susceptible de modificación en función de las demandas que derivan de las personas y los grupos con los que tratamos de convertirlo en un escenario educativo. Tal vez, bajo este prisma, delimitar un conjunto articulado de objetivos hacia los que pretendemos avanzar desde la puesta en juego de este cuento motor, puede erigirse en una actividad meramente discursiva.

Sin embargo, para muchas personas, los objetivos sirven como referentes a la hora de dotar de claridad al proceso educativo. Es por ello y por la necesidad de dar respuesta a lo que se plantea como prescriptivo en el nuevo modelo curricular, por lo que presentamos en esta propuesta un conjunto de objetivos que pretenden abrir vías y servir de referencia inicial. En cualquier caso, tratamos de hacerlo siendo coherentes con la óptica vinculada a la racionalidad práctica a la que aludíamos unas líneas más arriba. Esto se aventura posible si partimos de objetivos experienciales (Contreras, 1998).

La opción que representan estos objetivos implica plantear metas ligadas a la creación de procesos caracterizados por su riqueza, diversidad, ductilidad y posibilidad de cambio en función del análisis crítico del devenir de clase y de la consecuente realimentanción del proceso pedagógico.

La definición de los objetivos, en este caso se inscribe en claves de experiencias pedagógicas. De este modo, los objetivos experienciales, sin ser prescriptivos, orientan la acción didáctica y permiten que procesos iniciados desde un punto común puedan llegar a resultados diferenciados, en distintas personas o grupos, a través de los caminos divergentes a los que pueden conducir dichos procesos (Zabala, 2004). Desde ahí pueden representar un buen referente adaptable a la heterogeneidad inherente a todo grupo de clase (Astrain, 1999).

Los objetivos que aquí planteamos tratan de navegar hacia esa misma provisión de experiencias de aprendizaje y no agotan, en cualquier caso, el universo de alternativas posibles a partir del cuento motor. Con estas premisas, desde el contexto educativo que crea este cuento nos proponemos:

1. Explorar y utilizar alternativas de actuación individual y colectiva que propicien la resolución de diferentes situaciones-problema, en el contexto del juego motor.

2. Poner en juego acciones que les permitan adecuar el control postural y segmentario a las demanda de distintas situaciones ludomotrices.

3. Experimentar situaciones que conlleven la percepción de distancias y trayectorias, ajustando el movimiento propio al de los compañeros, en un contexto de cooperación.

4. Descubrir y explorar nuevas opciones en relación con la coordinación dinámica general a través de la realización e interiorización de secuencias motrices que integren desplazamientos y saltos.

5. Ampliar el bagaje en el ámbito de la coordinación visomotriz, desde la participación en situaciones lúdicas en las que se vean implicados los lanzamientos y las recepciones.

6. Utilizar el cuerpo y el movimiento como recursos con sentido expresivo.

7. Explorar las capacidades creativas desde la búsqueda de alternativas que den respuesta a diferentes situaciones-problema, así como a las demandas de diferentes juegos.

8. Respetar las normas básicas de seguridad y de cuidado del propio cuerpo.

9. Afianzar la autonomía y la confianza en sí mismo y en los demás, como medio para el desarrollo personal y la convivencia social.

10. Adoptar estrategias cooperativas de actuación, contribuyendo, a través de ellas, a la resolución de las situaciones problema que devienen en el contexto del juego.

11. Implicarse en el cuento motor desde actitudes de colaboración, tolerancia, no discriminación y resolución dialógica y pacífica de conflictos dentro de las situaciones ludomotrices.

3. CONTENIDOS

Los contenidos representan un subconjunto del universo personal, cultural y social en el que se desenvuelve la actividad corporal y motriz.

También en ellos podemos ver el carácter de creadores de procesos pedagógicos potencialmente positivos y de generadores de posibilidades de acción educativa. De este modo, su concreción se erige en una buena referencia para guiar el proceso didáctico.

A través de esta propuesta abordamos los siguientes contenidos:

- **Bloque 1. El cuerpo: imagen y percepción:**

  - Adecuación del tono postural y de la independencia segmentaria a las demandas de cada situación.
  - Experimentación del equilibrio en situaciones estáticas y dinámicas, a diferentes alturas, sobre distintos segmentos corporales y sin/con limitaciones perceptivas dentro de contextos lúdicos de actuación.

- **Bloque 2. Habilidades motrices:**

  - Exploración de secuencias motrices que integren desplazamientos, saltos y giros.
  - Integración de lanzamientos y recepciones con intencionalidad táctica en el contexto de diferentes juegos motores.
  - Búsqueda de alternativas originales en respuesta a los interrogantes planteados en diferentes situaciones problema.
  - Toma de conciencia de la propia valía personal con independencia del nivel de destreza alcanzado.

- **Bloque 4. Actividad física y salud:**

  - Respeto de las normas básicas de seguridad y cuidado del propio cuerpo.

- **Bloque 5. Juegos y deportes:**

  - Adopción de estrategias de actuación individual y/o colectiva acordes con las demandas de las situaciones planteadas por cada juego.
  - Cooperación en situaciones lúdicas de actuación colectiva.
  - Autonomía y confianza en sí mismo y en los demás en el contexto del juego motor.
  - Valoración de la cooperación como alternativa de actuación grupal.
  - Valoración de las muestras de afecto dadas y recibidas, así como del establecimiento de relaciones constructivas con las otras personas.

- **Contenidos transversales.**

  - Implicación activa en un cuento motor, viviéndolo como un espacio de diversión, alegría, convivencia y aprendizaje.
  - Confianza en sí mismo, autonomía, autoestima y espíritu de autosuperación, en el marco de las propuestas de acción derivadas de un cuento motor.
  - Valoración de cada compañero como una persona importante y valiosa, desde el reconocimiento de las diferencias y el respeto ante las singularidades corporales, motrices, de género, sociales o de cualquier otra índole.
  - Participación en el contexto cooperativo que crea el cuento, valorándolo como forma de relación y como medio para el progreso individual y colectivo y el bienestar personal y grupal.
  - Implicación en el cuento motor desde actitudes de colaboración, tolerancia, no discriminación y resolución dialógica y pacífica de conflictos dentro de las situaciones ludomotrices.

4. CONTRIBUCIÓN AL DESARROLLO DE LAS COMPETENCIAS BÁSICAS

El actual modelo curricular integra las competencias básicas como elemento clave dentro de las programaciones didácticas que guían la acción pedagógica propia de cada área curricular.

La idea de competencia nos sitúa ante un saber complejo, resultado del modo en que se articulan conocimientos, habilidades y actitudes para abordar de forma eficaz situaciones con una naturaleza común.

Cuando añadimos el atributo "básicas" estamos considerando que su ejercicio resulta imprescindible para garantizar el desenvolvimiento personal y social y la adecuación a las necesidades del contexto vital, así como para la ejercitación efectiva de los derechos y deberes ciudadanos.

Dentro del desarrollo de la L.O.E., el Real Decreto 1513/2006, de 7 de diciembre (B.O.E. de 8 de diciembre), establece ocho competencias básicas. Entre ellas se echa en falta la competencia motriz, que posee elementos que la hacen acreedora de la misma naturaleza que otras que sí se nos presentan como tales.

En cualquier caso, la introducción de las competencias básicas puede convertirse en un nuevo lenguaje que acabe por renombrar lo que hasta ahora impregnaba la acción pedagógica y reconocíamos como parte del acervo educativo, remitiéndonos a una propuesta burocratizada con escasa incidencia práctica. Pero también puede erigirse en motivo para repensar nuestra tarea didáctica, promoviendo el desarrollo de una sociedad justa, democrática e incluyente (Gimeno Sacristán, 2008).

Siendo conscientes del carácter meramente discursivo que puede tener un currículo articulado a través de competencias, tratamos, no obstante, de que esta propuesta esté impregnada del sentido que se atribuye a la educación por competencias en la segunda parte de la disyuntiva previamente planteada, dotándola de un sentido moral e imprimiéndole un carácter vivencial.

La aproximación al desarrollo de las competencias básicas desde el cuento motor que aquí presentamos se articula a través de contenidos concretos, de las opciones metodológicas a las que nos remite, de las acciones vinculadas a la evaluación y del ethos que guía la actividad diaria e impregna transversalmente toda la acción pedagógica. Esta aproximación se concreta del siguiente modo en cada competencia básica:

1. Competencia en comunicación lingüística:

■   Lectura del texto que recoge el capítulo del relato motor en el que se ubica la actividad propia de cada sesión

■   Establecimiento de relaciones de diálogo en torno a las cuestiones de naturaleza tanto motriz como afectiva y social que devienen en el contexto de la actividad física.

■   Desarrollo de la habilidad para formular y expresar los argumentos propios en torno a las cuestiones que derivan de la actividad ludomotriz, de una manera convincente y adecuada al contexto.

■   Desarrollo de habilidades sociales y actitudes prosociales.

■   Diálogo sobre cuestiones de carácter axiológico vinculadas a la actividad física.

■   Búsqueda de alternativas para la resolución dialogada de los conflictos.

■   Disposición positiva para escuchar, contrastar opiniones y tener en cuenta las ideas y las opiniones de los demás en el contexto de la actividad motriz.

■   Establecimiento de diálogos ligados al proceso didáctico: compartimos ideas ante una situación problema de carácter abierto, dialogamos sobre nuestro modo de ejecución, sobre las interacciones con nuestros compañeros...

■   Establecimiento de diálogos desde sucesivos ciclos de acción-reflexión en la aproximación al juego desde el modelo de enseñanza para la comprensión.

2. Competencia matemática:

- Apreciación de distancias y trayectorias y vivenciación a través de la actividad perceptivo motriz.

3. Competencia en el conocimiento y la interacción con el mundo físico:

- Desarrollo de capacidades motrices que permiten interactuar con el medio físico.
- Conocimiento de los riesgos que entraña la actividad física en relación con las otras personas, el medio, los materiales y el propio modo de ejecución y desarrollo de una actitud responsable ante este hecho.

4. Tratamiento de la información y competencia digital:

- Actitud positiva ante las nuevas tecnologías de la información y la comunicación, como una fuente potencial de enriquecimiento personal y social en relación con la información que puede proporcionar en torno a diferentes cuestiones relacionadas con los protagonistas del cuento motor.

5. Competencia social y ciudadana:

- Toma de conciencia de las posibilidades y limitaciones propias y ajenas, mostrando una disposición positiva hacia los compañeros con independencia de cuál sea su nivel de competencia en el ámbito de la motricidad.
- Adopción de una disposición activa para el progreso y la autosuperación.
- Conocimiento, valoración y puesta en juego de formas de expresión positiva de sentimientos y emociones, dentro del marco de la actividad física.
- Conocimiento, valoración y puesta en práctica de estrategias de actuación positiva ante situaciones de frustración surgidas en el contexto de la actividad física.

- Respeto hacia los compañeros con independencia del nivel de competencia motriz, género, nivel socioeconómico, etnia, origen nacional o cualquier otra circunstancia.
- Identificación y respeto de los derechos que asisten a las personas en el seno de la actividad física.
- Búsqueda de alternativas dialogadas y basadas en la defensa asertiva de los derechos propios, la sensibilidad ante las necesidades ajenas, la negociación y la cooperación, ante las situaciones de conflicto que acontecen en el contexto de la actividad física.
- Participación y contribución a un clima de seguridad afectiva y cooperación en el que cada persona pueda percibir a la clase como una comunidad de apoyo.
- Identificación y puesta en juego de conductas prosociales orientadas hacia la búsqueda del beneficio de los compañeros.
- Muestra de una disposición activa para acoger a otras personas dentro de la actividad física.
- Valoración de la actividad física como escenario orientado por un marco axiológico que se establece en torno a los valores de libertad, responsabilidad, diálogo, amistad, cooperación, solidaridad, justicia y paz.
- Utilización de actividades, juegos y alternativas metodológicas de carácter cooperativo.
- Utilización de alternativas metodológicas que promueven el diálogo.
- Desarrollo de actuaciones sistemáticas de educación ante el conflicto.
- Participación en la actividad desde un modelo de enseñanza para la comprensión en relación con las cuestiones de carácter socioafectivo y axiológico, participando en cicos de acción reflexión en relación con cada situación ludomotriz.
- Evaluación compartida con los alumnos en relación con el proceso educativo.

6. Competencia cultural y artística:

- Apreciación del valor cultural que atesoran los cuentos.
- Desarrollo de la creatividad en relación con la acción motriz.
- Puesta en juego de los estilos de enseñanza y de las alternativas metodológicas que potencian el desarrollo de la creatividad: resolución de problemas con múltiples soluciones, situaciones de exploración...

7. Competencia para aprender a aprender:

- Disposición favorable para la participación en contextos cooperativos, siendo corresponsable de los aprendizajes propios y ajenos y valorando la alternativa cooperativa como contexto que propicia el progreso para todas las personas.
- Desarrollo de la competencia motriz desde una perspectiva genérica, adquiriendo patrones de acción dúctiles y susceptibles de adecuación a diversos contextos y de ampliación desde la actividad autónoma.
- Adquisición de estrategias de reflexión sobre la propia acción motriz y de autoaprendizaje.
- Puesta en práctica de opciones metodológicas basadas en la libre exploración.
- Puesta en práctica de estilos de enseñanza que propician la producción: resolución de problemas.
- Puesta en práctica de alternativas metodológicas cooperativas.
- Participación del alumno en la evaluación del proceso.

8. Autonomía e iniciativa personal:

- Desarrollo de los diferentes ámbitos de la competencia motriz como medio para poder desenvolverse en un conjunto de situaciones con patrones comunes, dentro de su entorno de actuación.
- Toma de decisiones en el contexto del juego y la actividad motriz.

- Desarrollo de habilidades sociales y actitudes prosociales, como medio para desenvolverse de forma constructiva en las interacciones personales que se establecen en y a partir de la actividad lúdica y motriz.
- Actuación asertiva en la defensa de los derechos propios y sensibilidad ante los que asisten a las otras personas.
- Desarrollo de la capacidad para abordar el conflicto de forma constructiva, dialogada y autónoma.

5. PROPUESTAS PARA JUGAR, COOPERAR, CONVIVIR Y CREAR DESDE EL CUENTO MOTOR

Las líneas metodológicas que sirven de hilo conductor a esta unidad didáctica se asientan sobre los principios educativos que guían nuestro proyecto pedagógico y con los que, de modo consecuente, hemos de mantener una actuación coherente en toda nuestra actividad pedagógica.

En síntesis, tratamos de propiciar el conocimiento vivenciado de los contenidos propios de nuestra área, la participación activa de todos los alumnos en el proceso educativo, la exploración de nuevas alternativas y la búsqueda de acciones motrices creativas, la implicación cognitiva en el proceso de indagación en relación con la propia práctica motriz, la integración constructiva de las emociones y los sentimientos como elementos propios de la vida afectiva que poseen un peso especial en el marco de las actividades físicas, la capacitación en el contexto de las interacciones personales y las relaciones sociales, desde el sentido crítico y el compromiso activo, y el desarrollo de capacidades que permitan la exploración de caminos hacia la emancipación y la libertad responsable, conjugando el desarrollo personal y la convivencia social.

En relación con estos principios propios de un ámbito metaeducativo que en algunos aspectos va más allá de nuestra área curricular para impregnar toda la actividad escolar en particular y educativa en general, es preciso, como señalábamos, llevar a cabo una actuación coherente.

La referencia, como indicábamos en la introducción es, en este caso, un cuento motor desde el que se plantean numerosas situaciones de exploración, diferentes situaciones problema y varios juegos, especialmente de orientación cooperativa, dentro de un contexto inequívocamente lúdico, aunque no exento de una orientación educativa.

La participación en un relato motor, posee un atractivo diferente, en la medida en que permite a los alumnos imaginar y vivir, explorar y crear en un escenario cuyo sello de identidad, lo marcan el reto y la aventura.

Las situaciones-problema, como estrategias de carácter inductivo, propician la implicación cognitiva en el proceso de aprendizaje, la indagación, la producción de ideas inéditas hasta entonces para los alumnos, el conocimiento de habilidades y el desarrollo de capacidades motrices.

Por su parte, las situaciones lúdicas de carácter cooperativo sirven para resaltar los elementos propios del juego en cuanto a actividad libre, autotélica y generadora de bienestar y suman los elementos que permiten actuar en coherencia con un desarrollo afectivo y social constructivo.

En todo momento, el proceso didáctico está orientado hacia la búsqueda de aprendizajes significativos. Los conocimientos y los niveles de desarrollo previos constituyen nuestro punto de partida al crear la historia motriz. Profundizamos en estrategias que propician la motivación de los alumnos, fundamentalmente desde el hecho que supone resaltar el carácter lúdico y el atractivo en la práctica motriz contextualizada y realizada con una orientación de equipo y desde planteamientos que promueven la disonancia cognitiva en relación con las situaciones-problema planteadas. Y tratamos de ofrecer caminos para que los alumnos pongan en juego acciones motrices de una complejidad creciente en relación con lo conocido y las conecten con lo que ya saben realizar.

En cualquier caso y reconocida la orientación grupal de este proyecto, la individualización de la acción pedagógica forma parte también de los elementos metodológicos que nos sirven de guía. En relación con este hecho, todas las actividades propuestas poseen un carácter abierto e inclusivo y son susceptibles de modificación a tenor de las demandas y necesidades individuales, y también grupales y situacionales. Es fundamental también, en este sentido, establecer comunicaciones singulares con cada uno de los alumnos, proporcionándoles información sobre sus aprendizajes y tratando de ofrecerles caminos para el progreso en todos los ámbitos de su desarrollo personal.

En lo que respecta a los agrupamientos, creemos conveniente alternar situaciones de libre elección, abordando desde ahí las posibles situaciones de exclusión que puedan darse, con otros en los que, previa explicación a los alumnos, estableceremos los grupos en función de criterios de homogeneidad o heterogeneidad (de acuerdo con lo que se demande en la situación a resolver) o de inclusión y de relación social (grupos mixtos afrontando desde ellos cuestiones relativas a estereotipos de género, grupos compartidos por líderes dentro del grupo-clase con personas ignoradas o excluidas...). No obstante y teniendo en cuenta que el grupo-clase es el auténtico referente en esta unidad didáctica es previsible que los grupos tengan en este caso un buen grado de cohesión y las personas un alto grado de valoración de la pertenencia tanto al microgrupo como al grupo de clase.

La organización del espacio y el uso del material, supeditada obviamente a cuestiones de disponibilidad, se rige por criterios de carácter pedagógico: uso compartido bajo criterios de equidad en las actividades de gran grupo y, en las de microgrupo, distribución en función de las necesidades de las personas y de los grupos en cuanto a los aprendizajes previos y a las posibilidades de profundización en diferentes capacidades, atención a cuestiones relacionadas con el género y de liderazgo dentro del grupo...

Por otro lado, un factor al que queremos hacer referencia nos pone en relación con la propia dinámica de la actividad. En este sentido cobra una especial relevancia el ofrecer a los alumnos un tiempo para la reflexión, tanto sobre la propia acción motriz como sobre las cuestiones de carácter afectivo y social que devienen en el desarrollo de la actividad de clase. Repetiremos, pues, el ciclo acción-reflexión-acción, de acuerdo con los parámetros propios de un currículo en espiral.

No obstante, dada la estructura de este proyecto nos hallamos ante una dificultad. En esta ocasión rompemos con la estructura de las unidades didácticas en las que nos sumergimos con frecuencia y en las que no hay un planteamiento previo en cuanto a distribución de actividades por sesiones, de tal modo que lo acontecido en una sesión abre caminos para la programación de la siguiente y en las que una misma propuesta motriz podía ser retomada en clases sucesivas, abordándola con un mayor grado de profundidad o diversificándola en función de las necesidades e intereses de los alumnos.

Por el contrario, este proyecto está integrado por nueve capítulos que, previsiblemente, se desarrollarán en nueve sesiones consecutivas. Obviamente se puede flexibilizar su aplicación. Pero cada capítulo cierra un episodio que conviene que sea abordado en una sesión, lo que puede sumar rigidez, dificultando la repetición de propuestas, de acuerdo con el planteamiento al que aludíamos unas líneas más arriba.

Con todo y en un intento de adecuar el desarrollo de la unidad didáctica a las singularidades propias de las personas y los grupos, podremos abordar la propia historia motriz desde una perspectiva más flexible, haciendo que las actividades integradas en ella sean susceptibles de modificación en función de lo que vaya aconteciendo en el devenir propio de las clases.

También hay modificaciones en la estructura de cada sesión, al ajustarla a los límites que propicia la propia historia. Cada sesión integrará:

- Un momento de encuentro en el que pondremos en común lo hecho en la sesión anterior.
- Una secuencia de propuestas integradas en la propia historia motriz.
- Un momento de recopilación y despedida en el que valoraremos de forma compartida con los alumnos, los elementos más destacados de lo acontecido a lo largo de la sesión.
- Un último momento en el que se realizarán las rutinas de aseo e higiene personal.

Y de modo análogo, la estructura de la sesión debe ser contemplada con la suficiente flexibilidad, para adecuarla a las condiciones cambiantes en las que se desarrolla cada clase y para profundizar en la convergencia entre el carácter lúdico y la intencionalidad educativa de que tratamos de dotar a la propia unidad didáctica.

Por lo que respecta a la lectura del cuento, caben tres alternativas:

- Que ésta sea realizada en el aula dentro de las clases de lengua, abordando, desde ahí un proyecto de naturaleza interdisciplinar que podría también sumar aspectos relacionados con el conocimiento del medio, la música, la educación plástica...

- Que se realice al comienzo de la clase de educación física, pasando después a las propuestas motrices.
- Que, dentro de la clase de educación física se vaya alternando lectura y práctica motriz, de tal modo que la primera se detenga para pasar al juego motor cada vez que la situación vivida en el cuento nos conduzca a ello.

Cada una de las opciones es portadora de elementos que le confieren valor educativo y de aspectos que le añaden dificultad. Serán cada docente, o cada grupo de docentes, quienes habrán de decidir por qué alternativa optan.

SESIÓN 1 (Unir a la lectura del capítulo 1).

- **Propuesta 1.1. Aprendemos a movernos entre la hierba de la pradera.**

Nos ubicamos sobre un espacio natural. También podemos desarrollar la propuesta, dentro de un gimnasio, sobre el suelo o sobre una fila de colchonetas en la que colocamos un entramado con goma elástica, a diferentes alturas, pero de tal modo que los alumnos no puedan avanzar andando bajo ella. En el recorrido podemos también colocar obstáculos: bancos, objetos que no pueden ser tocados...

Y planteamos la situación: Para ser auténticos indios Lakota es necesario aprender a moverse con sigilo entre la hierba. Y esa es nuestra primera propuesta: Teniendo en cuenta que no podemos levantarnos por encima de la goma (o muy alto sobre la hierba) porque los animales nos verían y huirían ¿De qué forma podemos desplazarnos?

Antes de ponernos en marcha los niños comparten posibles alternativas de actuación y, desde ellas, generalizamos elementos de variación como la posición corporal (agachados, arrodillados, tumbados), el número de apoyos (con dos, tres, cuatro apoyos... dos manos y un pie, pies, rodillas y manos...), la velocidad de desplazamiento (más o menos rápido), la dirección de avance (hacia delante, hacia atrás, lateralmente)...

- **Propuesta 1.2. Transportando objetos en la pradera.**

Creamos un espacio por el que avanzar o nos servimos de un entorno natural. En uno de los extremos colocamos diferentes objetos: picas, aros, cuerdas.

Takoda y todos los niños de la tribu solían avanzar en fila, uno detrás de otro, pero cuando necesitaban transportar algo, lo hacían por parejas. Y es así como vamos a hacerlo ahora. Teniendo en cuenta que en cada viaje transportamos un objeto entre dos personas, ¿de qué formas podemos avanzar mientras colaboramos con el compañero para llevar el objeto?

- **Propuesta 1.3. Aproximándonos a las ardillas.**

Para llegar hasta las ardillas es necesario hacerlo con mucho cuidado, de modo que ellas no nos descubran, porque huirían. Por parejas, cogidos de la mano vamos avanzando hasta el lugar de las ardillas. El maestro ocupa este lugar y recita "wanci, núpa, yámni na tópa" (uno, dos, tres y cuatro). Abre los ojos. Si alguna pareja está suelta o alguien se está moviendo las ardillas huirán, salvo que todos retrocedan cuatro pasos. Si los niños están unidos a su pareja y no se mueven, el maestro vuelve a contar. Cuando todos los alumnos han alcanzado el lugar de las ardillas, volvemos a jugar, pero esta vez todos juntos formando una cadena. Podemos establecer condiciones: sin que nadie se suelte, parar sobre una sola pierna, cuando paramos nadie queda de pie y todos seguimos cogidos de las manos...

- **Propuesta 1.4. Cierro los ojos y disfruto del bosque.**

Chumaní y Takoda se tumbaron en el bosque y disfrutaron de él. Algo parecido vamos a hacer nosotros para terminar la clase de hoy.

Nos tumbamos... Cerramos lo ojos... Colocamos las manos encima de nuestra tripa... Prestamos atención a nuestra respiración...

Respiro lentamente... Y noto que cuando tomo aire mi tripa sube... Y cuando lo expulso baja... Imagino que estoy en el bosque, junto a Chumaní y Takoda. A mi lado está también las personas a las que quiero: mis amigos, mis amigas, mis padres, mis abuelos... Desde mi lugar del bosque puedo disfrutar de sus colores... De su aroma... De su suave brisa... A mi alrededor corren, juguetonas, las ardillas... Hay más animales: conejos, cervatillos... Puedo acercarme a todos ellos y acariciarlos, porque ninguno se asusta...

Y ahora te dejo en tu bosque junto a las personas a las que quieres y rodeado de pequeños animales... Puedes dar una vuelta por él... O quedarte en tu lugar preferido. Trata de vivirlo con mucha calma...

Llega ya el momento de despedirse... Imagino que voy por el camino que me lleva fuera del bosque. Avanzo por él lentamente. Estoy tranquilo/a y me siento muy bien.

Lentamente flexionamos las piernas y los brazos, vamos abriendo los ojos...Y comenzamos a sentarnos.

Para reflexionar en grupo:

¿Qué formas de movernos hemos utilizado? ¿En algún momento hemos ayudado a nuestros compañeros? Y ellos ¿nos han ayudado? ¿Cómo nos hemos sentido? Para los indios Dakota el silencio era importante. ¿Y para nosotros? ¿El silencio nos hace sentir bien? ¿Cuándo?

NOTAS SOBRE PROGRAMACIÓN (modificaciones introducidas con carácter previo para adaptar la sesión al contexto en que se desarrolla):

....

....

....

....

....

....

....

....

....

SESIÓN 2 (Unir a la lectura del capítulo 2).

- **Propuesta 2.1. Corriendo.**

Chumaní y Takoda eran capaces de correr sin hacer ningún ruido. Nosotros, los indios Lakota de nuestra clase, también podemos conseguirlo... ¿Qué formas de correr nos permiten hacer poco ruido? Exploramos en pequeños grupos y compartimos nuestras ideas... Después será un poco más difícil. Cada persona portará dos aros en una mano. Y avanzará, cogida con la otra mano de la mano de un compañero sin que los aros suenen al chocar entre sí.

- **Propuesta 2.2. Tras el cervatillo.**

Delimitamos un espacio por el que combinar desplazamientos, cambios de dirección y saltos. Los alumnos se distribuyen por parejas. El primero adopta el rol de Tachinkala (el cervatillo) y el segundo el de Takoda. Avanzan por el recorrido manteniendo la distancia entre sí pues en nuestra historia Takoda no lograba alcanzar al pequeño ciervo. Después cambiamos los roles. ¿Somos capaces de desplazarnos sin que aumente ni disminuya la distancia con nuestro compañero? ¿Y si los dos aumentamos la velocidad?

Antes de ponernos en marcha los niños comparten posibles alternativas de desplazamiento por cada uno de los tramos que componen el recorrido y, desde ellas, generalizamos elementos de variación.

- **Propuesta 2.3. Nos desplazamos por las rocas.**

Colocamos aros, ladrillos de psicomotricidad, etc., (piedras, troncos, etc. si es en un espacio natural) distribuidos por el espacio de juego, de modo que de un objeto se pueda saltar a otro o a otros con el fin de recorrer un espacio. Cada pareja dispone de un balón.

Nuestras rocas son diferentes y tampoco tenemos un cervatillo que transportar. Pero podemos hacerlo de otro modo: Cada pareja avanza sobre los objetos llevando un balón (que será nuestro cervatillo) Y hay algo más, para pasar de un lugar a otro, la persona que lo hace no puede llevar el balón consigo. Es necesario pasarlo antes al compañero. Cuando en nuestro camino encontramos a otras parejas, podemos ayudarnos para seguir avanzando. Y no lo olvidéis: esto no es una carrera frente a los demás: nuestra meta es lograr que todas las personas puedan hacer varios recorridos. Antes de comenzar pensamos en cuál puede ser, para nosotros un camino interesante y en la forma en que nos vamos a organizar con nuestra pareja.

Después podemos avanzar en pequeños grupos o incluso en un grupo del que forme parte toda la clase.

- **Propuesta 2.4. Cierro los ojos y disfruto del bosque.**

Chumaní y Takoda soñaron aquella noche con ardillas y cervatillos. Nosotros podemos imaginar un encuentro con estos animales.

Nos tumbamos un poco separados de los demás para poder tener nuestro espacio... Cerramos lo ojos... Colocamos las manos encima de nuestra barriga... Atendemos a nuestra respiración...

Respiro lentamente... Y noto que cuando tomo aire mi barriga sube... Y cuando lo expulso baja... Imagino que estoy en el bosque, junto a Chumaní y Takoda... Entre los árboles aparece un cervatillo... Me acerco a él... Puedo acariciarlo con suavidad, con mucha suavidad... A su lado recorro el bosque mientras las ardillas juguetean a nuestro alrededor... Hoy el cervatillo es mi amigo especial... Voy a su lado con mucha calma... Y con él recorro los lugares más agradables del bosque...

Llega ya el momento de despedirse... Pero no es una despedida triste, porque podré ver al cervatillo siempre que quiera... Imagino que voy por el camino que me lleva fuera del bosque. Avanzo por él pausadamente... Estoy tranquilo y me siento muy bien.

Lentamente flexionamos las piernas y los brazos, vamos abriendo los ojos... Y comenzamos a sentarnos.

Para reflexionar en grupo:

¿Qué formas de correr eran silenciosas? ¿Qué hemos hecho para mantener la distancia entre nosotros cuando uno era cervatillo y el otro era el niño que le perseguía? ¿Cuál era la mejor forma de ayudarnos al avanzar por las rocas? ¿Nos hemos sentido bien colaborando con nuestros compañeros?

NOTAS SOBRE PROGRAMACIÓN (modificaciones introducidas con carácter previo para adaptar la sesión al contexto en que se desarrolla):

....

....

....

....

....

....

....

....

....

....

....

....

SESIÓN 3 (Unir a la lectura del capítulo 3).

- **Propuesta 3.1. Los animales.**

Al igual que los niños Lakota, podemos imitar el movimiento de los animales de nuestro cuento. Nos colocamos en pequeños grupos. Podemos ser matho (el oso) cuando está enfadado... Cuando está cariñoso... Cuando... (Los alumnos proponen dentro de su grupo). Podemos ser wanblí (el águila) volando majestuosamente... O haciéndolo con gran velocidad para cazar un pequeño animal, O... Podemos ser kimímila (la mariposa), en grupos que vuelan alegres... O que lo hacen con tristeza... O tal vez... Podemos ser gnugnúshka (el saltamontes), saltando de forma tranquila... De forma inquieta... Podemos ser itunpsicala (el ratón de campo)... También podemos ser... (los niños pueden seguir proponiendo).

- **Propuesta 3.2. Pasando entre los abedules.**

Colocamos varios entramados de goma elástica entre soportes (uno por grupo). Los alumnos buscan formas de pasar entre las gomas y de pasarse, también entre ellas, varias picas (nuestras lanzas) sin que ni los niños ni las picas tomen contacto con la goma. ¿De qué formas podemos pasar por los huecos? ¿De qué formas podemos entregar las picas?

- **Propuesta 3.3. Nuestras lanzas.**

Cada uno de nosotros dispone de una lanza (pica). Las vamos a lanzar con mucho cuidado para no hacer daño a nadie. Dibujamos un círculo en el suelo, como el de Chanteitinzá. E intentamos que cada miembro del grupo lance la suya, para que todas lleguen a la vez dentro del círculo. ¿Qué podemos variar en nuestros lanzamientos?

- **Propuesta 3.4. Tumbados en corro.**

Los niños del poblado Lakota se tumbaron en un corro, cogidos de las manos... Nosotros podemos hacer lo mismo...

Cuando ya estamos en el corro, cerramos los ojos...

Respiro lentamente... Y noto que cuando tomo aire mi barriga sube... Y cuando lo expulso, baja... Siento el calor de la mano de mis compañeros... Y la alegría de estar con mi grupo... Imagino que todos juntos estamos tumbados a la orilla del lago... Es un lago de color azul intenso... El agua está en calma... Sobre ella se desplazan lentamente un grupo de pequeños patos... Estoy tranquilo y me siento muy bien...

Lentamente flexionamos las piernas... Soltamos nuestras manos... Flexionamos los brazos... Vamos abriendo los ojos... Y comenzamos a sentarnos...

- **Para reflexionar en grupo:**

¿Ha sido sencillo representar el movimiento de los animales? ¿Y hacer que estuvieran alegres, o tristes, o...? ¿A qué partes de nuestro cuerpo había que prestar más atención cuando pasábamos entre los abedules? ¿Qué formas de lanzar eran las que nos daban mejor resultado? ¿Nos han ayudado y hemos ayudado a aprender a los demás? ¿Nos hemos sentido bien con nuestro grupo?

NOTAS SOBRE PROGRAMACIÓN (modificaciones introducidas con carácter previo para adaptar la sesión al contexto en que se desarrolla):

SESIÓN 4 (Unir a la lectura del capítulo 4).

- **Propuesta 4.1. Entre árboles.**

Cada pareja dispone de tres picas. Una persona coge un extremo de cada pica con una mano, su compañero hace lo mismo con los extremos libres. En posición perpendicular, sobre las dos picas, colocan la tercera.

Como niños Lakota, vamos tratar de avanzar sin que se nos caiga el tronco que llevamos sobre los otros dos en los que lo apoyamos. ¿De qué formas podemos desplazarnos? ¿Qué más podemos variar en esta propuesta (posición corporal, altura a la que llevamos las picas, proximidad entre ellas...).

- **Propuesta 4.2. Llevando la savia a la gran artesa.**

Cada pareja de niños dispone de una lámina de plástico y de un vaso. En un extremo del espacio de juego, disponemos un cuenco vacío que hará de gran artesa. En el otro extremo habrá varias botellas para llenar los vasos de agua.

La savia es muy pegajosa. Así que no podemos tomar contacto con ella. Cada pareja llevará, en un vaso que va colocado sobre una lámina, la savia hasta la gran artesa. Y lo haremos hasta que, entre todos, consigamos llenarla. Es necesario que estemos muy atentos, porque durante el recorrido y hasta que estemos junto a la artesa, no podemos tocar el vaso con las manos.

- **Propuesta 4.3. Conejos, ratones y niños.**

En el espacio de juego colocamos varios saquitos de arena (o cualquier otro objeto) que harán el papel de pequeñas marmitas.

Nos vamos a dividir en dos grupos: cinco personas protegerán las marmitas de azúcar. Y el resto serán conejos y ratones dispuestos a robar y comer el rico almíbar. Los niños Lakota pueden correr; los ratones y conejos también, pero sobre cuatro patas. Los conejos y ratones piensan antes en cómo hacer para llegar hasta las marmitas de azúcar. Y los niños Lakota piensan, también antes, en cómo defender el almíbar. Si un niño toca a un conejo o a un ratón, éste permanece quieto hasta que otro conejo u otro ratón le salva. Jugamos varias rondas de modo que todos hayan desempeñado todos los roles.

- **Propuesta 4.4. Al llegar la noche.**

Por la noche, los niños tuvieron un dulce sueño. Y nosotros les podemos acompañar... Nos tumbamos en el suelo...

Respiro lentamente... Y noto que cuando tomo aire mi barriga sube...Y cuando lo expulso, baja... Siento la alegría de estar con mis amigos... Imagino que paseo junto a ellos por el bosque del azúcar. Está lleno de caramelos de boj, de arce o del sabor que más me gusta... Yo puedo compartirlos... Y también puedo guardar algunos para las personas a las que quiero... Y ahora te dejo continuar en tu dulce paseo...

Nuestro sueño está terminando... Estamos tranquilos y nos sentimos muy bien... Lentamente flexionamos las piernas y los brazos... Vamos abriendo los ojos...Y comenzamos a sentarnos...

Para reflexionar en grupo:

Hoy hemos jugado un juego diferente, porque en lugar de cooperar todos, unos éramos ratones y conejos y nos ayudábamos entre nosotros para que no nos pillaran los niños Lakota y para llegar a la marmita del azúcar. Y los otros éramos niños Lakota y nos ayudábamos para cazar a los ratones y a los conejos. ¿Nos ha gustado el juego? ¿Cómo nos hemos sentido? ¿Ha sido buena la relación entre los grupos? ¿Qué podemos hacer para que en estos juegos todos nos sintamos bien? ¿Qué podemos hacer para tratar bien a todas las personas que participan en este juego?

NOTAS SOBRE PROGRAMACIÓN (modificaciones introducidas con carácter previo para adaptar la sesión al contexto en que se desarrolla):

....
....
....
....
....
....
....
....
....
....
....
....

SESIÓN 5 (Unir a la lectura del capítulo 5).

En la fiesta de las estaciones los niños Lakota bailaban, jugaban y seguían con atención lo que hacían los mayores. También participaban en desafíos. ¿Alguien sabe lo que es un desafío?

Nosotros vamos a participar en cuatro. Nos vamos a dividir en cuatro grupos de seis personas. Y permaneceremos unos minutos en cada estación (en forma de circuito) tratando de superarlos:

- **Propuesta 5.1. El desafío del verano: Acercando los soles a la tierra fría.**

Cada pareja dispone de un sol (globo).

Y sin dejarlo caer al suelo debe trasladarlo hasta las tierras frías, para que a ellas lleguen también los meses del estío.

No será nada fácil, porque ningún niño puede tocar más de dos veces seguidas el mismo sol. El camino está lleno de dificultades: laberintos (pivotes entre los que avanzar), puentes (bancos suecos o troncos en el medio natural), cortados rocosos (espalderas, laderas de una montaña)... Pero podemos lograrlo.

- **Propuesta 5.2. El desafío del otoño: Llevando comida hasta la tierra donde los animales se cobijan.**

El grupo dispone de un trozo de tela, una manta, o una colchoneta ligera. Dispersos por el espacio hay varios saquitos de arena.

Es posible que los animales se queden sin comida en el frío y duro invierno. Y nosotros podemos ayudarles durante el otoño. ¿Cómo? Transportando sobre nuestra manta el mayor número posible de saquitos de semilla de maíz. La manta será portada por todos los miembros del grupo. Éstos seguirán un difícil recorrido hasta llegar al lugar donde se guarda el maíz y al avanzar desde allí hasta donde los animales invernan. El de hoy es un juego, pero como todos los juegos Lakota, puede ayudarnos si lo necesitamos.

- **Propuesta 5.3. El desafío del invierno: Cuando la nieve no permite ver más allá.**

El grupo dispone de una cuerda y un pañuelo por persona y varios aros.

A veces, en invierno, la nieve es tan intensa que no podemos ver lo que hay un poco más allá. Entonces es preciso saber orientarse y mantenerse unido a los compañeros y no alejarse del poblado. Y para eso nos vamos a preparar:

Todos los miembros del grupo, excepto uno (guía) se tapan los ojos con pañuelos. El guía va dirigiendo a los compañeros de un tipi (aro) a otro, indicándoles hacia donde tienen que avanzar, pero sin tomar contacto con ellos. En cada cambio de tipi se cambian también los roles dentro del grupo.

- **Propuesta 5.4. El desafío de la primavera: Dibujamos con nuestros cuerpos.**

Entre todos los miembros del grupo podemos representar imágenes de la primavera: dos puede ser el suelo sobre el que crece la vegetación, dos, los árboles cargados de hojas y dos las nubes repletas de lluvia. Pero también podemos representar, entre todos, una bella flor, o un pájaro que retorna tras los meses fríos, o... Seguro que tenemos muchas ideas.

Para reflexionar en grupo:

En nuestra historia la mujer medicina convence a las estaciones para que no resuelvan su problema con una pelea. ¿Esto nos puede servir también a nosotros? ¿Qué podemos hacer cuando, en nuestros juegos, tenemos un problema con un compañero porque los dos queremos tener algo solo para nosotros?

NOTAS SOBRE PROGRAMACIÓN (modificaciones introducidas con carácter previo para adaptar la sesión al contexto en que se desarrolla):

SESIÓN 6 (Unir a la lectura del capítulo 6).

Hoy, como Chumaní, Takoda, Omáshte y Wanahaka Sa emprenderemos el camino del sur, en busca de las cerezas del comienzo del verano.

- **Propuesta 6.1. Camino del sur.**

Colocamos varios objetos distribuidos por la superficie de juego (aros, cuerdas, picas, bancos...).

Como Chumaní, Takoda, Omáshte y Wanahaka Sa podemos buscar formas de avanzar cogidos de las manos, lo más rápido posible y sin pisar nada de lo que encontremos en nuestro camino. ¿Qué caminos hemos escogido?

- **Propuesta 6.2. Lanzando y recibiendo las cerezas.**

Cada pareja dispone de una pelota. Uno de los miembros de la pareja se coloca en un lugar elevado (área de juegos dentro de un parque, un montículo si es en un espacio natural, un banco dentro del gimnasio...).

Como Chumaní, Takoda, Omáshte y Wanahaka Sa podemos lanzar y recibir una pelota (que será la cereza de nuestra actividad). ¿De qué formas podemos lanzar y recibir? ¿Qué podemos variar en esta propuesta? (distancia, trayectoria de la pelota, posición corporal, segmento que lanza la pelota...)

- **Propuesta 6.3. Jugando con las manzanas.**

Cada grupo de cuatro alumnos dispone de cuatro pelotas (una por persona).

Los niños Lakota somos capaces de intercambiar las cuatro pelotas dentro del grupo. ¿De qué formas podemos pasarlas y recibirlas? ¿Qué podemos variar en esta propuesta? (distancia, trayectoria de la pelota, posición corporal, segmento que lanza la pelota...).

- **Propuesta 6.4.**

Cada pareja o cada grupo de cuatro dispone de un pañuelo, un trozo de tela o un trozo de papel continuo y varias pelotas.

Es ya la hora de regresar al poblado. Y lo vamos a hacer por el mismo camino por el que vinimos. Colocaremos las cerezas sobre el pañuelo. Cada persona sujeta un extremo del pañuelo. ¿Somos capaces de avanzar corriendo sin que se caigan las cerezas del pañuelo?

Para reflexionar en grupo:

¿Qué formas de pasar y recibir hemos utilizado? ¿Para que la actividad saliera bien, era necesaria una sola persona, o se necesitaba de todos los participantes? ¿Por qué?

NOTAS SOBRE PROGRAMACIÓN (modificaciones introducidas con carácter previo para adaptar la sesión al contexto en que se desarrolla):

SESIÓN 7 (Unir a la lectura del capítulo 7).

- **Propuesta 7.1. Buscando los caballos perdidos.**

En cada pareja una persona dispone de varios trozos de papel con una huella de caballo y un número. También dispone de una lámina con el dibujo de un caballo.

Los indios Lakota somos capaces de rastrear el terreno, buscando huellas para descubrir cualquier animal que nos propongamos. Es eso lo que vamos a hacer ahora con los caballos perdidos . Uno de los miembros de la pareja cierra los ojos. El otro va colocando por el espacio, con una distancia de unos diez pasos entre sí, las láminas con la huella, hasta llegar a un punto en el que coloca la lámina con el dibujo del caballo. Cuando lo ha hecho avisa a su compañero, que comienza la búsqueda siguiendo el camino que marcan las huellas. Después se cambian los roles. Hemos de asegurarnos de que los alumnos siguen las huellas con el número que les ha correspondido y no el de otra pareja.

- **Propuesta 7.2. Llevando a los caballos hacia las praderas del oeste.**

Cada pareja dispone de dos cuerdas.

En cada pareja, uno será caballo y el otro su jinete. El caballo toma un extremo de cada cuerda. Su jinete se coloca detrás y toma también los extremos libres de la cuerda. El jinete dirige al caballo por el espacio indicándole hacia dónde ha de ir: derecha, izquierda, adelante...

- **Propuesta 7.3. Somos caballos avanzando en grupo.**

Cada grupo dispone de una goma que se ata formando un contorno cerrado.

Cuando llegaron a la gran pradera, los Lakota agruparon a sus caballos. Nosotros vamos a ser ahora un grupo de esos caballos avanzando juntos. Nos situamos dentro del contorno de la goma y la colocamos sobre nuestra cintura. Nadie puede ya tocarla con las manos. Sin que la goma caiga al suelo buscamos recorridos por los que avanzar.

¿Qué podemos hacer para que la goma no caiga al suelo? (Mantenerla tensa, mientras todos avanzamos en la misma dirección...). ¿Qué figuras somos capaces de formar con ella mientras avanzamos? (Un cuadrado, un rectángulo... ¿nos atrevemos con un dibujo sencillo?).

- **Propuesta 7.4. En la pradera.**

Nos tumbamos en el suelo...

Presto atención a mi respiración... Respiro con calma... Y noto que cuando tomo aire mi tripa sube... Y cuando lo expulso, baja... Imagino que estamos en la pradera... Cada uno de nosotros monta un caballo... Tu caballo puede ser como tú quieras: blanco, negro azabache, o quizás moteado... Con él avanzas tranquilamente, junto a tus amigos, por un hermosa pradera plagada de margaritas y amapolas... Y ahora te dejo tranquilamente, en tu paseo...

Nuestro sueño está terminando... Estamos tranquilos y nos sentimos muy bien... Lentamente flexionamos las piernas y los brazos... Vamos abriendo los ojos...Y comenzamos a sentarnos...

Para reflexionar en grupo:

¿Ha sido fácil encontrar el caballo perdido? ¿Y conducir a nuestro caballo? ¿Qué figuras hemos sido capaces de formar mientras nos desplazábamos en grupo dentro de la goma? ¿De qué formas nos hemos ayudado hoy durante las actividades?

NOTAS SOBRE PROGRAMACIÓN (modificaciones introducidas con carácter previo para adaptar la sesión al contexto en que se desarrolla):

....

....

....

....

....

....

....

....

....

....

....

....

SESIÓN 8 (Unir a la lectura del capítulo 8).

- **Propuesta 8.1. Acercándose a los búfalos.**

Como niños Lakota, podemos avanzar reptando, sin despegarnos del suelo, para que los búfalos no puedan vernos. Esta vez lo haremos todos a la vez y es preciso también que todos lleguemos en el mismo momento hasta lo alto de la colina... Recordad: todos llegamos a la vez. ¿Cómo podemos lograrlo?

- **Propuesta 8.2. Ptejincala: Pequeños búfalos.**

Los pequeños búfalos corrían y saltaban por la pradera. Algunos imitaban a sus compañeros... Nosotros también vamos a ser pequeños búfalos. Podemos correr, saltar, tumbarnos en la hierba... Y nuestros compañeros nos imitarán. Después –o antes- imitaremos a los demás. Y recordad: también podemos imitar estados de ánimo. Los búfalos podemos estar alegres, tristes, enfadados, aburridos, mimosos, cariñosos...

- **Propuesta 8.3. Juntos y separados.**

Ptejincala, los pequeños búfalos, también jugaban a acercarse y a alejarse. Podemos probar. Tratamos de alejarnos lo más posible del resto de nuestro grupo y nos juntamos en un lugar acordado, llegando todos a la vez y abrazándonos, porque estamos alegres.

¿De qué formas podemos desplazarnos? ¿Cómo podemos conseguir llegar todos a la vez al mismo lugar? ¿Es más fácil o más difícil que antes, ahora que salimos cada uno de un lugar diferente?

- **Propuesta 8.4. Huyendo de la manada de búfalos.**

Marcamos un camino sobre el suelo.

Nos dividiremos en dos grupos: unos seremos los búfalos y avanzaremos corriendo. Los demás seremos niños Lakota y huiremos de su camino antes de que lleguen... Después cambiaremos los papeles: los búfalos serán niños y los niños, búfalos.

- **Propuesta 8.5. Sobre la hierba.**

Como Chumaní y Takoda nos tumbamos...

Respiro lentamente... Y noto que cuando tomo aire mi barriga sube... Y cuando lo expulso, baja... Siento la alegría de estar en la pradera... Me acerco lentamente a dos pequeños búfalos que juguetean... Ellos me ven y se acercan también a mí... Dejan que los acaricie... Son muy mimosos... Y ahora te dejo con ellos... Puedes seguir acariciándolos... O jugar con ellos... O lo que tú decidas...

Nuestro paseo por la pradera está terminando... Me despido de los búfalos; mañana podré volver a verlos... Estoy tranquilo y me siento muy bien... Lentamente flexionamos las piernas y los brazos... Vamos abriendo los ojos... Y comenzamos a sentarnos...

Para reflexionar en grupo:

Ha sido fácil avanzar todos a la vez en la primera propuesta. ¿Por qué? ¿Y llegar todos al mismo lugar en la tercera? ¿Qué tal nos hemos sentido en el juego "Huyendo de la manada de búfalos"? Éste no era un juego de cooperación. ¿Qué podemos hacer para que juegos como éste sean un buen juego para todos?

NOTAS SOBRE PROGRAMACIÓN (modificaciones introducidas con carácter previo para adaptar la sesión al contexto en que se desarrolla):

....
....
....
....
....
....
....
....
....
....
....
....
....

SESIÓN 9 (Unir a la lectura del capítulo 9).

Nuestros retos pueden ser hoy los que aquella tarde se propusieron los niños Lakota.

- **Propuesta 9.1. El desafío del salto.**

Por parejas y luego en grupos de cuatro y de seis, tratamos de saltar lo más lejos posible desde un punto, manteniendo siempre cogida(s) nuestra(s) mano(s) de la(s) de nuestro(s) compañero(s).

- **Propuesta 9.2. El desafío del equilibrio.**

Manteniéndonos siempre unidos a nuestros compañeros, ¿de qué formas podemos estar en equilibrio sobre una pierna? ¿Qué podemos cambiar para conseguir muchas formas diferentes? (pierna de apoyo, posición entre los compañeros, posición corporal de cada uno de ellos...).

- **Propuesta 9.3. El desafío de los giros y los saltos**

Uno de los miembros del grupo rueda como un tronco, durante unos metros. Los demás le saltamos. Cambiamos en cada ocasión la persona que rueda. ¿Somos capaces de saltar varias veces seguidas?

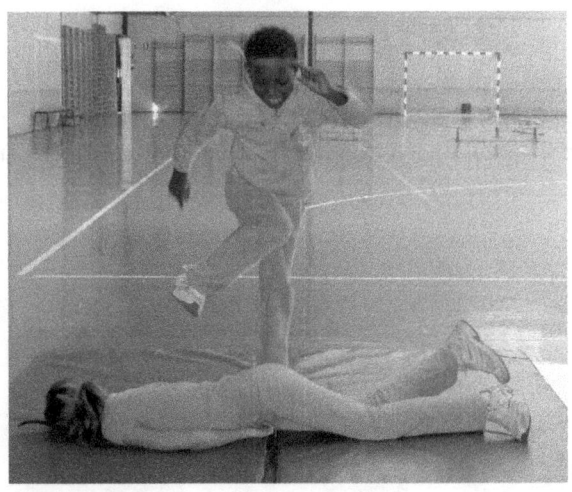

- **Propuesta 9.4. El desafío del lanzamiento.**

¿De qué formas podemos lanzar para que la pelota caiga dentro del cuenco que porta nuestro compañero? ¿Y él que puede hacer para que la pelota caiga dentro?

Para reflexionar en grupo:

Hoy terminamos nuestra historia Lakota. Pero cada uno puede seguir pensando en nuevas aventuras de Chumaní y Takoda. ¿Nos ha gustado? ¿Nos hemos sentido bien? ¿Qué hemos aprendido estos días?

NOTAS SOBRE PROGRAMACIÓN (modificaciones introducidas con carácter previo para adaptar la sesión al contexto en que se desarrolla):

....
....
....
....
....
....
....
....
....
....
....
....
....

6. EVALUAR PARA MEJORAR

Como punto de partida, en el proceso de evaluación nuestro referente estará marcado por los siguientes principios (Ruiz Omeñaca, 2006):

- **Integrar la evaluación dentro de la propia actividad educativa.**

La consideración de la evaluación como proceso de reflexión y mejora de la práctica educativa nos lleva a ubicar ésta en el espacio de la propia actividad de clase, con factor que lejos de interferir en ella, proporciona continuamente elementos de realimentación del proceso educativo.

- **Realizar la evaluación con una finalidad esencialmente formativa.**

El carácter formativo de la evaluación vuelve a vincularla al devenir diario de las clases en coherencia con la necesidad de proveer, desde ella, medios para el análisis, la comprensión y el perfeccionamiento del proceso didáctico.

- **Poner la evaluación al servicio de las personas implicadas en la acción didáctica.**

Entender la evaluación como medio al servicio de las personas nos lleva a buscar alternativas para la mejora en la práctica docente y caminos para el progreso personal de los niños en su proceso de emancipación.

- **Conceder, en la evaluación del alumno, importancia a éste desde una perspectiva holística.**

Los procesos pedagógicos afectan a cada persona en la unidad de su ser. Y por lo tanto, la evaluación ha de atender a los aspectos cognitivo, motor, afectivo y social, entendiéndolos como partes de un todo coherente y teniendo en cuenta que toda actividad motriz suscita la implicación de todos ellos.

- **Realizar la evaluación del alumno desde la referencia al criterio.**

La singularidad personal es una de las piedras angulares en todo proceso didáctico emprendido en contextos rurales. Por ello y por la ineludible necesidad de cimentar, en la evaluación, los procesos de desarrollo y mejora en cada alumno, es condición ineludible que, frente a la tendencia a ubicar al alumno con referencia a la norma, la evaluación sea asumida siempre desde una óptica criterial.

- **Interrelacionar la evaluación del alumno con la del maestro y con la del propio proceso.**

La consideración de la evaluación como un crisol en el que maestros, alumnos y el propio proceso educativo constituyen piezas interdependientes en el camino para proveer elementos de mejora, es un aspecto clave si partimos de la consideración de que todos formamos parte del mismo entramado pedagógico y compartimos también finalidades educativas.

- **Adoptar una perspectiva crítica en el proceso de análisis de cuanto acontece en clase.**

El análisis y valoración crítica de lo programado y lo sucedido en clase nos permite reafirmarnos en lo que ya hay de positivo dentro de lo programado y lo sucedido en clase y permite, por otro lado, introducir elementos de mejora cuando se considera necesario.

- **Mantener, desde la labor docente, una posición ética en relación con la evaluación.**

La evaluación ha de ser ante todo una práctica ética, vinculada al mismo esquema axiológico que pretendemos promover desde clase. Y esto la sitúa en el camino hacia la libertad, la responsabilidad, la tolerancia, la cooperación, la práctica solidaria... Y la aleja de cualquier alternativa tendente a mantener una estructura de poder en la que el maestro utiliza la calificación como forma de ejercer un control coercitivo sobre los alumnos.

- **Promover la participación de los alumnos en el proceso de evaluación.**

Los alumnos pueden aportar una información muy valiosa en el proceso de evaluación. Pero además, su implicación en dicho proceso contribuye en su camino hacia la emancipación y lleva implícita, por otro lado, una forma de entender la educación especialmente sensible a cuestiones de naturaleza ética en los aspectos ligados a la participación responsable y la educación en la libertad.

- **Ser partícipes activos desde la actuación cooperativa entre alumnos y maestros, con fines compartidos.**

El principio previo a éste puede quedar desposeído de parte de su sentido si la participación de los alumnos en el proceso de evaluación no es entendida, en coherencia con una concepción de la evaluación en particular y la educación en general, como tarea compartida desde una óptica cooperativa, en la que se pretenden lograr fines también compartidos, ligados al progreso de cada alumno y del grupo en cuanto tal.

En relación con los instrumentos de evaluación recogemos aquí fichas orientadas hacia:

- El **seguimiento de las sesiones**. Se trata de perfilar un instrumento que recoja, desde el día a día, lo programado para cada sesión, lo sucedido en ella y la valoración de lo acontecido a partir de la observación e interpretación que deriva del diálogo y de la evaluación compartida con los alumnos en torno al proceso. Finalmente puede recoger un avance de previsión para la sesión siguiente. Este documento posee, en consecuencia, una orientación procesual y eminentemente formativa.

- La **valoración de cada unidad didáctica y la autoevaluación por parte del maestro**. En dicho documento puede verse recogido un análisis retrospectivo relativo a la adecuación de objetivos, contenidos y criterios de evaluación, al grado de consecución de los objetivos, y a la adecuación de la línea metodológica, de la secuencia de propuestas motrices y de los instrumentos y procedimientos de evaluación. También puede resultar especialmente relevante una síntesis de los aspectos a mantener y de aquellos que son susceptibles de mejora en la actuación del maestro, desde su propia óptica. Su carácter puede hacer converger un elemento sumativo en relación con la propia unidad y otro de naturaleza formativa en relación con subsiguientes unidades de programación.

- La **evaluación del alumno bien por parte del maestro, bien desde el diálogo compartido con cada alumno.** Es tarea ineludible partir de un documento que sirva para analizar, durante el proceso y al final de éste, los progresos experimentados por cada alumno en relación con las capacidades de naturaleza cognitiva, motriz, afectiva y social. En este sentido creemos fundamental que las anotaciones recogidas en él estén singularmente vinculadas con la unidad didáctica desde una perspectiva sensible a las propias percepciones que sobre su progreso posee el alumno, lo que permitirá avanzar hacia una evaluación compartida. Es sin duda ésta la tarea más compleja de todas las abordadas por el maestro en torno a la evaluación. También aquí convergen el carácter formativo (tanto durante el proceso presente como con vistas a ulteriores procesos educativos) con el sumativo. Y puede orientar en el continuo proceso de toma de decisiones.

FICHA DE SEGUIMIENTO DE LAS SESIONES	
Unidad didáctica:	Grupo:
Curso académico:	Periodo:

Sesión:

Sobre lo programado:

Sobre lo sucedido:

Valoración:

Previsiones para la próxima sesión:

FICHA DE VALORACIÓN DE LA ACTIVIDAD Y DE AUTOEVALUACIÓN POR PARTE DEL MAESTRO/A			
Unidad didáctica: Curso académico:			Grupo: Periodo:
ASPECTOS A EVALUAR		COMENTARIO	
1. Adecuación de objetivos, contenidos y criterios de evaluación.			
2. Grado de consecución de los objetivos planteados.			
3. Adecuación de la línea metodológica.			
4. Adecuación de los instrumentos y procedimiento de evaluación.			
5. Adecuación de la secuencia de las propuestas motrices.			
6. Aspectos más destacados a mantener en el cuento motor.			
7. Puntos débiles y propuestas de mejora.			
9. Aspectos a mantener en la actuación docente.			
10. Aspectos a modificar en la actuación docente.			

ESCALA DE VALORACIÓN.

A = Adecuado, satisfactorio.

B = Bastante adecuado, bastante satisfactorio.

C = Poco adecuado, poco satisfactorio.

D = Inadecuada, insatisfactorio.

EVALUACIÓN DEL ALUMNO

FICHA DE EVALUACIÓN DEL ALUMNO.
La luna de las cerezas rojas.

Nombre y apellidos:

Grupo:

ASPECTOS A EVALUAR	COMENTARIOS DURANTE EL PROCESO	AL FINAL DEL PROCESO
Se implica en el cuento motor desde la alegría, el sentido lúdico, el bienestar personal y la convivencia constructiva.		
Utiliza alternativas de actuación individual y colectiva orientadas hacia la resolución de diferentes situaciones-problema, en el contexto del juego motor.		
Pone en juego acciones en que adecua el control postural y segmentario a las demanda de diferentes situaciones ludomotrices.		
Experimenta acciones motrices en que, de acuerdo con las demandas del contexto, trata de adaptar su capacidad de equilibrio en situaciones estáticas y dinámicas, sobre el suelo y sobre superficies elevadas, utilizando diferentes segmentos corporales, sin y con limitaciones en la percepción.		
Descubre y explora nuevas opciones en relación con la coordinación dinámica general a través de la realización e interiorización de secuencias motrices que integren desplazamientos, saltos y giros.		
Experimenta acciones de lanzamiento y recepción tratando de adecuarlas a las demandas de la situación ludomotriz.		
Utiliza el cuerpo y el movimiento como recursos con sentido comunicativo.		
Indaga en la búsqueda de formas de movimiento originales.		

Respeta las normas básicas de seguridad y de cuidado del propio cuerpo.			
Actúa con autonomía y confianza en sí mismo y muestra confianza en los demás.			
Se implica en el cuento motor desde actitudes de colaboración, tolerancia, no discriminación y resolución dialógica y pacífica de conflictos dentro de las situaciones ludomotrices.			

ESCALA DE VALORACIÓN.

A = Adecuado, satisfactorio.
B = Bastante adecuado, bastante satisfactorio.
C = Poco adecuado, poco satisfactorio.
D = Inadecuada, insatisfactorio.

Referencias:

- CONTRERAS, O. (1998). Didáctica de la Educación Física. Un enfoque constructivista. Barcelona: INDE.

- DEVÍS, J. (2003). "Educación física y salud. Revisión de la propuesta diez años después". En López pastor, V.; Monjas, R.; Fraile, A. Los últimos diez años de la educación física escolar. Valladolid: Universidad de Valladolid.

- FERNÁNDEZ-RÍO, J. Y VELÁZQUEZ, C. (2005). Desafíos físicos cooperativos. Sevilla: Wanceulen.

- FRAILE, A. (coord.), López Pastor, V. M., Ruiz Omeñaca, J. V., Velázquez Callado, C. (2008). La resolución de los conflictos en y a través de la educación física. Barcelona: Graó.

- GALA, A.; MARUGÁN, L., (2006). "Acrobacias en la escuela. Experiencia de su puesta en práctica en una escuela rural". En Actas del V Congreso Internacional de Actividades Físicas Cooperativas. Valladolid: La Peonza.

- GIMENO SACRISTÁN, J. (2008). Educar por competencias, ¿qué hay de nuevo? Madrid: Morata.

- LAGARDERA, F.; LAVEGA, P. (2003). Introducción a la praxiología motriz. Barcelona: Paidotribo.

- LÓPEZ PASTOR, V. M. (1999). Prácticas de Evaluación en Educación Física: Estudio de casos en primaria, secundaria y formación del profesorado. Valladolid: Universidad de Valladolid.

- LÓPEZ PASTOR, V. M.; MONJAS, R.; PÉREZ BRUNICARDI, D. (2003). Buscando alternativas a la forma de entender y practicar la Educación Física Escolar. Barcelona: INDE.

- MOYLES, J. R. (1990). El juego en educación infantil y primaria. Madrid: M.E.C.-Morata.

- OMEÑACA R.; RUIZ OMEÑACA, J. V. (1999). Juegos cooperativos y educación física. Barcelona: Paidotribo. (ISBN 84-8019-308-5433-2).

- OMEÑACA, R.; PUYUELO, E.; RUIZ OMEÑACA, J. V. (2001). Explorar, jugar, cooperar. Barcelona: Paidotribo. (ISBN 84-8019-534-7).

- PEREZ SAMANIEGO, V.; SANCHEZ GOMEZ P. (2001 b). "El aprendizaje cooperativo en la educación física: Una propuesta basada en la comprensión afectiva y estratégica de los juegos cooperativos." En Actas del I Congreso Estatal de Actividades Físicas Cooperativas. Valladolid: La Peonza.

- RAMOS, F.; RUIZ OMEÑACA, J. V. (2009). Educación física para centros bilingües. Sevilla: Wanceulen.

- RIGAL, R. (2006). Educación psicomotriz y educación motriz en preescolar y primaria. Barcelona: INDE.

- RUIZ OMEÑACA, J. V. (2004a). Pedagogía de los valores en la educación física. Madrid: C.C.S.

- RUIZ OMEÑACA, J. V. (2006). "Una experiencia de evaluación formativa en la escuela rural". En V. M. López Pastor (coord.). La Evaluación formativa en educación física. Revisión de modelos tradicionales y planteamiento de una alternativa: la evaluación formativa y compartida. Buenos Aires: Miño y Dávila.

- RUIZ OMEÑACA, J. V. (2008 a). Educación física para la escuela rural: singularidades, implicaciones y alternativas en la práctica pedagógica. Barcelona: INDE.

- RUIZ OMEÑACA, J. V. (2008 b). "El juego motor cooperativo ¿Un buen contexto para la enseñanza?... Cuando la educación física nos hace más humanos". En Educación Física y Deporte. Universidad de Antioquia. Medellín (Colombia). Volumen 27-1- pp. 97-112.

- RUIZ OMEÑACA, J. V. (2008 c). "Educación física, valores éticos y resolución de conflictos: reflexiones y propuestas de acción" En A. Fraile (coord.). La resolución de conflictos en y a través de la educación física. Barcelona: Graó.

- RUIZ OMEÑACA, J. V. (2009). Cuentos motores cooperativos para educación primaria. Ljsalfar y los Niños del Viento. Barcelona: INDE.

- TINNING, R. (1992). Educación física: La escuela y sus profesores. Valencia: Servicio de Publicaciones de la Universidad de Valencia.

- VAQUERO, F. Y VELÁZQUEZ, C. (2004). "Desafíos físicos cooperativos en gran grupo. El reto como motivación". En Actas del IV Congreso Estatal y II Iberoamericano de Actividades Físicas Cooperativas. Valladolid: La Peonza.

- VELÁZQUEZ, C. (2003). "Desafíos cooperativos". En Actas del III Congreso Estatal y Primero Iberoamericano de Actividades Físicas Cooperativas".

- VELÁZQUEZ, C. (2004). Las actividades físicas cooperativas. Méjico D.F.: SEP.

- VELÁZQUEZ, C. (2006). Educación física para la paz. Buenos Aires: Miño y Dávila.

- ZABALA, M. A. (2004). Diseño y desarrollo del currículum. Madrid: Narcea. Novena edición.

www.ingramcontent.com/pod-product-compliance
Lightning Source LLC
Chambersburg PA
CBHW071455160426
43195CB00013B/2119